하루 10분 인문학

50가지 질문으로 알아보는
나와 세계에 대한 짧은 교양

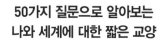

하루 10분
인문학

이준형·지일주 지음 | 인문학 유치원 해설

나무의철학

일러두기

1. 이 책에 등장하는 주요 인명, 지명, 기관명, 상표명 등은 국립국어원 외래어표기법을 따르되 일부는 관례에 따라 소리 나는 대로 표기했다. 원문은 인명과 설명이 필요한 개념의 경우 병기했다.
2. 단행본은《 》, 논문, 언론매체, 영화 등은〈 〉으로 표기했다. 국내에 정식으로 소개되지 않은 작품에 한해 원제를 병기했다.
3. 직접 인용의 경우 본문에 출처가 언급되지 않은 인용문에 한해 하단에 출처를 명시했다.
4. 읽는 맛을 살리기 위해 구어체로 작성되었다.

생각이란 영혼이 영혼 스스로와 대화하는 것이다.

-플라톤Platon

누구나 철학자가 되는 시간

반갑습니다. 이게 무슨 밋밋한 첫 인사냐고 생각할 수도 있지만 말 그대로 반갑다는 인사를 하고 싶었습니다. 이런 뜬금없는 인사를 한 이유는 얼마 전에 본 기사 때문입니다. 미국 다트머스 대학교 뇌과학자인 폴 왈렌Paul Whalen 교수에 따르면 뇌의 편도체는 0.017초라는 짧은 순간 상대방에 대한 호감도와 신뢰도를 판단한다고 합니다(0.1초도 아니고 자그마치 0.017초만에요!) 만약 당신이 서점에서 우연히 《하루 10분 인문학》의 프롤로그를 읽고 있다면 아마도 그 0.017초라는 시간 동안 이 책에 조금이라도 호감을 느꼈기 때문이겠죠. 책을 펼치고 저희와 이야기를 나누기 시작한 당신에게 반갑다는 인사를 가장 먼저 건네는 것이 예의라는 생각이 들었습니다. 정말 반갑습니다.

이 책은 프랑스의 중등 과정 졸업 시험인 바칼로레아Baccalaureat를 함께 풀어보고자 기획한 일종의 워크북입니다. 바칼로레아는 쉽게 말해 우리나라의 대학수학능력시험 같은 시험입니다. 만점의 50퍼센트 이상 점수만 받으면 그랑제콜을 제외한 모든 지역의 대학에 지원이 가능한데, 논술과 철학 시험이 필수라는 것이 가장 큰 특징이죠. 철학, 프랑스, 시험. 뭔지는 몰라도 나와는 28만 광년쯤 떨어진 곳의 이야기처럼 느껴지는 분이 많겠지만 바칼로레아가 던지는 질문은 우리에게 그보다 훨씬 더 가까이 있습니다. 어떤 질문들인지 살짝 소개해볼게요.

먼저 '죽음은 인간에게서 일체의 존재 의미를 박탈해 갈까?'라는 질문을 살펴보겠습니다. 이 질문을 처음 보았을 때 저는 제 동생의 어린 시절 일화가 떠올랐어요. 제가 초등학교에 갓 입학했을 즈음이니 동생은 네다섯 살 정도 되었을 무렵이네요. 잠에 들기 전 동생이 어머니께 이렇게 묻더군요. "엄마, 눈을 먹으면 어떻게 돼요?" 한창 환경오염 이슈가 불거져 나올 때라 어머니께서는 동생이 눈을 먹으면 안 된다는 의미로 이렇게 대답하셨어요. "그럼 죽어. 큰일 나!" 그리고 일주일 뒤 동생은 엉엉 울면서 가족들에게 고백했습니다. "나 곧 죽어요. 눈을 먹었어요." 그저 순진하고 귀여운 꼬마의 울음이라고 생각할 수도 있지만 동생은 일주일 내내 누구보다 죽음에 관해 깊은 고민을 했을 거예요. '내가 죽으면 그 뒤에는 뭐가 있는 거지?', '내가 사랑하는 가족들은 다시 만날 수 있는 걸까?' 같은 존재론적 질문을(그게 존재론적 질문이라는 것도 모른 채) 던져가며 말이죠.

우리는 일생 동안 스스로에게 수없이 많은 질문을 합니다. 종교나 이념이 다르다는 이유로 서로에게 총부리를 겨누는 사람들을 보며 '전쟁 없는 세상은 가능할까?' 하고 궁금해하고, "너는 꿈이 뭐니?"라는 선생님이나 부모님의 질문에 '꿈이 꼭 있어야 하나?' 하고 반문하기도 하죠. 저 역시 몇 해 전 대통령 탄핵을 위한 촛불집회에 참가해서는 '여론이 정권을 이끌 수 있을까?'라는 궁금증 반 걱정 반의 고민도 했고 비인간적 행태를 보이는 범죄자들과 관련된 뉴스를 보며 '모든 살아 있는 존재에 대한 존중은 도덕적 의무일까?'라는 생각을 하기도 했습니다. 이 모든 의문이 바로 바칼로레아가 묻는 질문이었어요. 철학은 생각보다 꽤 가까운 곳에서 우리를 기다리고 있었던 거죠.

아, 그러고 보니 저희 소개를 깜빡했네요. 이 책의 공저자인 이준형과 지일주는 한 철학 수업에서 만나 연을 이어오고 있습니다. 일주일에 한 번, 총 8주에 걸쳐 진행되는 짧은 수업이었는데요, 몇 해가 지난 후에도 꾸준히 만나 공부를 계속해나갔습니다. 때로는 철학 원전을 읽었고 때로는 더 깊이 있는 철학의 역사를 공부하기도 했죠. 그러다 행동 변화 플랫폼인 카카오프로젝트100에서 '100일 철학하기'를 진행해달라는 제안을 받고 프로젝트에 참여했습니다. 그리고 그 결과를 책으로 쓰게 되었어요.

이 책이 나오기까지 많은 분들의 도움이 있었습니다. 저희 두 사람에게 '철학으로 질문하기' 프로젝트를 제안해준 정연주 카카오플백 파트장님, 바쁜 척하기 바쁜 두 사람의 흩어진 원고를 한 권의 멋진 책으로 엮어준 출판사 관계자분들, 원고 작성 내내 다양한 영감과 조언을 아끼지 않은 김유지 님 그리고 늘 저희를 아끼고 사랑해주는 가족 모두 진심으로 감사드립니다.

마지막으로 한 가지 당부를 드리며 인사를 마무리할까 합니다. 괜히 '철학'이라는 단어 앞에 주눅 들지 마세요. 그저 50일간 나와 세계에 대해 생각해보는 기회로 생각하고 질문에 답해주세요. 책을 읽어나가며 자연스럽게 느끼겠지만 철학은 대단한 진리를 알려주는 학문이 아닙니다. 저마다의 시대를 살아간 사람들이 각자의 삶과 세계에 대한 최선의 답을 내놓은 것뿐이죠. 그러니 질문에 답하는 순간만큼은 당신도 철학자가 되는 거예요. 자, 준비가 끝났다면 우리를 기다리는 첫 번째 질문을 만나볼까요?

이 책은 프랑스 대입 시험이자 기초 인문학의 상징인 프랑스 바칼로레아 기출 문제 50개를 통해 세상을 이해하는 필수 지식을 탐구하고 나의 속마음을 알아가는 책입니다. 인간, 생각, 윤리, 정치와 권리, 과학과 예술이라는 다섯 가지 주제를 다루고 있으며 관심이 가는 파트부터 먼저 읽어도 무방합니다.

STEP ①
바칼로레아 질문 읽기

STEP ②
인문학 지식 쌓기

STEP ③
나에 대해 알아가기

이 책을 읽는 방법은 간단합니다. 먼저 'N번째 인문학'이라고 소개된 바칼로레아 문항을 읽고 잠시 그에 대한 답을 생각해보세요. 그다음 이어지는 해설을 읽으며 서양철학, 동양철학, 역사 등 다양한 인문학 지식을 쌓아봅시다. 마지막으로 그날 읽은 인문학 질문의 심화 질문, '나에게 묻기'에 답합니다. 이때 꼭 인문학 지식을 이용해 답할 필요는 없어요.

매일 10분, 이 책을 통해 나를 둘러싼 세계에 관한 인문학 필수 지식을 쌓고 세계를 바라보는 나만의 시각을 확장하는 연습을 해봅시다.

| 차례 |

PART 1 ✧ 인간에 대하여

PART 2 ✦ 생각에 대하여

PART 3 ✦ 윤리에 대하여

PART 4 ✦ 정치와 권리에 대하여

PART 5 ✧ 과학과 예술에 대하여

✧

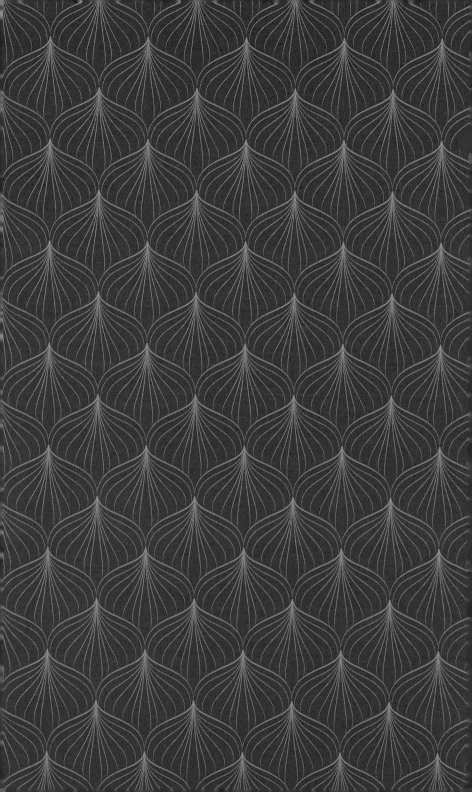

인간에
대하여

첫 번째 인문학

우리는 행복해지기 위해
사는 것일까?

쾌락으로 행복을 성취하려 한 에피쿠로스학파

●

얼마 전 오랜만에 만난 후배가 제게 이런 말을 했습니다. "제 인생 목표는 죽기 직전에 행복한 삶이었다고 생각할 수 있도록 사는 거예요."

몇 년 전부터 욜로YOLO, You Only Live Once라는 말이 유행하면서 삶의 목표로 행복을 말하는 사람이 많아졌습니다. 텔레비전이나 라디오 같은 대중매체에서 "행복하자"는 이야기를 수시로 들을 수 있고 서점에 가면 어떻게 사는 것이 행복한 삶인지 나름의 답을 말하는 작가들의 책을 수십 권씩 만나볼 수 있으니 말이죠. 그만큼 모두가 행복을 말하고 바라는 세상을 살고 있다 해도 지나치지 않을 것 같습니다.

그런데 행복이라는 목표를 가진 사람들이 하루아침에 생겨난 것은 아닙니다. 오히려 행복에 대한 갈망은 인류의 역사만큼이나 오래되고 익숙하다고도 할 수 있죠.

행복을 추구한 것으로 가장 유명한 철학자는 지금으로부터 약 2,300년 전 헬레니즘Hellenism 시대를 살아간 에피쿠로스Epi-

_{kuros}(B.C. 341년경~B.C. 270년경)와 그의 학파를 들 수 있습니다. 이 시기에는 소크라테스, 플라톤, 아리스토텔레스 등을 중심으로 한 이른바 '아테네 철학'이 쇠퇴하고 '헬레니즘-로마 시대 철학'이라고도 불리는 3기 그리스 철학이 시작되었습니다. 그러면서 국가와 사회에 대한 관심이 사라지고 개인의 처세를 둘러싼 윤리적 문제가 철학자들의 주된 관심사로 떠올랐는데, 에피쿠로스 역시 이를 사색의 주제로 삼았습니다.

에피쿠로스의 철학은 흔히 '쾌락주의'로 분류됩니다. 그는 인간이 최대의 행복을 성취하도록 하기 위해 쾌락을 활용하는 방법을 탐구했습니다. 쾌락의 범위를 성욕, 물욕 등의 동물적이고 순간적인 쾌락에 국한하지 않고, 문화나 예술을 즐기는 것처럼 정신적 욕구를 충족해주고 장기적이며 지속성 있는 쾌락을 찾아가야 한다고 보았죠. 다음과 같은 문장처럼 말입니다.

쾌락이란 취할 것을 취하고 금할 것을 금하는 동기를 탐구하거나 정신이 매우 혼란할 때 생기는 잘못된 의견을 떨쳐버리는 건전한 사유다.

한국문학평론가협회, 《문학비평용어사전》(국학자료원, 2006)

그는 쾌락을 얻으려면 걱정과 위험을 가져올지도 모르는 일들을 피해야 한다고 덧붙입니다. 정치가 대표적인 예죠. 에피쿠로스는 정치적 활동은 근심만 만들 뿐 확실한 쾌락은 주지 못한다고 생각했습니다. 그와 그의 추종자들은 국가와 사회가 그 자체로 가치를 지녔다고 보지 않았고 중요한 것은 개인의 쾌락이며 국가와 사회는 이를 증진하고 고통을 예방할 때만 좋은 것이라고 여겼죠. 이런 측면에서 보면 법과 관습 역시 개인의 이익을 높일 때만 가치를 지니게 됩니다.

이렇게 쾌락 추구를 통한 고통이 없는 상태, 마음의 동요에서 해방되는 상태를 우리는 아타락시아ataraxia라고 부릅니다. 에피쿠로스학파에 의하면 아타락시아는 인간이 도달할 수 있는 가장 참된 행복에 해당하는데요, 모든 종교적 미신을 버리고 이성의 인식에만 입각한 곳에 아타락시아가 있다고 보았습니다.

세세하게 들여다보면 납득할 만한 부분이 훨씬 많지만 '쾌락'이라는 단어를 사용한 탓에 그의 이론은 오랜 기간 손가락질받고 오해받아왔습니다.

특히 기원전 306년, 에피쿠로스는 아테네에 위치한 플라톤의 철학 학교 아카데메이아Academy 담장 바로 옆에 있는 고즈넉한 정원을 구입해 케포스kepos라 부르며 이곳에 일종의 공동체를 형성했습니다. 상냥하고 교양 있는 분위기로 유명해진 덕분에 얼마 지나지 않아 각지에서 많은 사람들이 몰려들었다고 하죠.

그런데 에피쿠로스가 이 공동체 내에서 여성과 노예를 편견 없이 대하는 선구자적 정신을 발휘한 탓에 매춘부들을 애인으로 삼았다거나 하루에 두 번씩 토할 정도로 먹는다는 등의 해괴한 소문이 퍼지기도 했다고 합니다. 심지어 세월이 지난 오늘날에도 그의 이름에서 비롯된 'epicure'라는 단어가 '식도락가'라는 의미로 사용될 정도죠. (사실 그는 자신의 정원에서 "하루에 음식을 장만하는 데 1므나의 돈도 쓰지 않고 포도주 4분의 1리터만으로도 만족하면서 그나마도 대부분은 물만 마시는 생활을 즐기며" 살았다고 합니다. 어쩌면 역사상 가장 억울한 철학자이자 쾌락주의자라고 그를 평가할 수도 있지 않을까요.)

이제 우리에게 주어진 질문으로 되돌아가 보겠습니다. 앞서 에피쿠로스의 사례를 통해 확인한 것처럼 '우리는 행복해지기 위해 사는 것일까'라는 질문에 답하기 위해서는 스스로 행복을 무엇이라고 규정할 것인지 묻고 답할 필요가 있습니다. 당신은 행복이 무엇이라고 생각하나요? 그 행복을 위해 살아갈 필요가 있다고 느끼나요? 그리고 그 행복을 성취하려면 어떤 노력이나 행동이 필요한가요?

내 삶에서 가장 큰 행복의 순간은 언제였나요?

저는 제가 하고 있는 일로 인정을 받을 때 가장 큰 행복을 느낍니다. 일을 통해 제 자신뿐 아니라 주변 사람을 비롯한 더 많은 사람들이 행복해질 수 있는 길을 탐구하려고 노력하죠. 그들의 행복이 곧 저의 행복이기도 하니까요. 당신은 언제 가장 행복했나요?

꿈은
필요할까?

직업이 아닌 이상으로서의 꿈을 중시한 니체

●

　　　　　몇 해 전 어느 초등학교 영재 시험에 다음과 같은 문제가 출제되었다고 합니다. "당신의 꿈은 무엇이며 그 꿈을 이루기 위해 어떤 노력을 해왔습니까?"

　사실 누군가의 꿈을 묻는 것은 우리 사회에서는 흔한 일입니다. 학창 시절 내내 우리는 꿈이 뭐냐는 질문을 수없이 받습니다. 부모님은 물론 선생님, 친척, 동네 어른 등 관계를 맺게 되는 거의 모든 사람에게서 말이죠. 대답은 원대하면 원대할수록 정답에 가까워집니다. "그냥 적당히 중소기업에 취직해 먹고사는 거요"라거나 "다른 사람까지는 책임 못 져도 제 자신은 행복한 거요"라는 대답을 하면 벌써부터 무슨 늙은이 같은 소리를 하느냐고 눈총 받기 십상이죠. 게다가 고등학생, 아니 초등학교 고학년이 되어서도 꿈을 정하지 못하면 뒤처진 아이라는 낙인이 찍힙니다. 성질 급한 부모는 "넌 꿈도 없니?"라며 아이를 다그치기도 하죠. 대체 꿈이 뭐기에 꿈을 가지라고 온 사회가 강요하는 걸까요? 꿈은 정말 꼭 필요한 걸까요?

먼저 사람들이 말하는 '꿈'이 무엇인지 생각해봅시다. 아마 "어젯밤에 내가 꿈을 꿨는데"라고 이야기할 때의 '꿈'은 아니겠죠. 꿈이라는 단어에는 사전적으로 크게 세 가지 의미가 담겨 있습니다.

[1] 잠자는 동안 깨어 있을 때와 마찬가지로 여러 가지 사물을 보고 듣는 정신 현상.

[2] 실현하고 싶은 희망이나 이상.

[3] 실현될 가능성이 아주 적거나 전혀 없는 헛된 기대나 생각.

여기서 우리가 중점을 두고 논의해야 할 '꿈'의 정의는 두 번째 '실현하고 싶은 희망이나 이상'입니다. 이 정의를 토대로 우리에게 주어진 질문을 바꿔보면 이렇게 되겠네요. '우리에게 실현하고 싶은 희망이나 이상이 과연 필요할까?'

이 질문과 관련해 우리는 꿈의 사회적 측면과 개인적 측면을 모두 살펴봐야 합니다. 꿈은 개인의 의지와 사회의 구조가 모두 충족되어야 실현될 수 있는 것이기 때문이죠.

그럼 사회적 측면부터 살펴보겠습니다. 바로 위에서 저는 꿈이 실현되려면 개인의 의지뿐만 아니라 사회적 구조가 뒷받침되어야 한다고 이야기했습니다. 사회가 개인의 꿈의 실현을 위해 구조적 장치를 마련해야 하는 이유는 무엇일까요? 대표적으로는 사회가 발전하는 데 그들의 꿈이 반드시 필요하기 때문이라고 말할 수 있을 것 같습니다. 사회 구성원들은 사회적 속한 사회가 자신의 욕망을 실현하는 데 도움이 된다고 생각할 때 그 사회가 부여한 의무와 역할을 다합니다. 그렇지 않으면 구성원들은 사회적 의무를 등한시하거나 사회를 성장시키기 위한 노력을 멈추게 되죠. 구성원들의 꿈이 보장받지 못하는 사회는 죽어 있는 사회나 마찬가지입니다.

다음은 개인적 측면입니다. 언젠가부터 우리에게 꿈은 '직업'과 같은 의미로 사용되어왔습니다. 그 꿈의 종류도 다양하지 않습니다. 의사, 변호사, 교수, 프로그래머, 연예인 등 일부 전문직에 한정되어 있는 것이 사실이죠. 소수의 적성에만 맞는 꿈을 다수가 좇는 현상이 벌어지고 있는 겁니다. 하지만 우리가 논의하고 있는 정의가 말해주듯 사실 꿈은 실현하고 싶은 '희망'이나 '이상'입니다. 19세기 독일 철학자 프리드리히 니체Friedrich Nietzsche(1844~1900)는 자신의 대표작《차라투스트라는 이렇게 말했다》에서 다음과 같이 말했습니다.

그대의 꿈과 희망을 버리지 마라! 고귀한 사람은 모두에게 방해가 된다는 것을 알라. (…) 고귀한 사람은 새로운 덕을 창조하려고 한다. (…) 그대 영혼의 영웅을 외면하지 마라. 그대 안의 가장 높은 소망을 거룩히 지켜라!

니체는 꿈과 희망을 '영혼의 영웅'이라고 칭하며 더 나은 삶을 살기 위해, 자신을 하찮게 여기지 않기 위해 결코 이상을 버려서는 안 된다고 했습니다. 진정한 꿈이 니체가 말한 것과 같다면 그 꿈은 일생에 걸쳐 변할 수도 있겠죠. 단순히 장래희망으로 따진다 해도 초등학생 때는 대통령이 되고 싶었다가 성인이 되어 공무원 시험을 준비하는 사람도 있습니다. 이 사람에게 대통령은 큰 꿈이고 공무원은 작은 꿈일까요? 꿈에는 정해진 시기도, 크기도 없습니다. 우리가 우리 자신의 삶을, 나아가 우리가 속한 사회를 더 나은 방향으로 이끌기 위해 품는 모든 희망이 꿈이 될 수 있습니다. 그리고 어떤 꿈이든 꿀 자유가 보장될 때 우리와 우리 사회가 살아 있다고 할 것입니다.

그럼 다시 질문을 던져보겠습니다. 당신이 생각하는 꿈의 정의는 무엇인가요? 그리고 꿈은 당신에게 그리고 또 다른 개인에게 반드시 필요할까요?

인생의 마지막에 남기고 싶은 것은 무엇인가요?

저는 책을 한 권 남기고 싶습니다. 생텍쥐페리의 《어린 왕자》처럼 오랜 세월 많은 사람들에게 회자되며 감동과 의미를 줄 수 있다면 더 바랄 것이 없겠죠. 저의 현재 '직업'은 작가가 아니지만 누군가에게 기억될 책을 쓰고 싶다는 '꿈'은 계속되고 있습니다. 당신의 인생 마지막에는 무엇이 남길 바라나요?

세 번째 인문학

신이 없다면
모든 것이 가능할까?

지금 여기의 삶과 세계를 긍정하는 니체의 위버멘쉬

•

"신은 죽었다."

철학을 모르는 사람이라도 이 말은 한 번쯤 들어본 적이 있을 겁니다. 바로 앞에서 소개한 니체의 책 《차라투스트라는 이렇게 말했다》에 나오는 구절입니다. 오랜 세월 기독교의 영향을 강하게 받아온 서양 사회에서 니체는 왜 신이 죽었다는 메시지를 던진 걸까요? 신을 부정하기 위해서였을까요? 아니면 기독교를 비판하려고?

사실 이 메시지를 통해 니체가 바꾸고자 한 대상의 범위는 그보다 훨씬 크고 넓었습니다. 기독교를 포함한 서구 문명의 오래되고 낡은 가치를 모두 부수고 새로운 가치를 추구하고자 한 것입니다. 그는 우리가 마주하고 있는 지금의 삶보다 더 중요한 것은 없다고 생각했습니다. 하지만 기존의 종교와 사상은 생을 부정하는 듯 보였죠. 니체는 지금 여기에서의 삶은 인정하지 않으면서 보이지도 않는 다음 세계를 말하는 것은 오히려 삶에 대한 모독에 불과하다고 보았습니다.

그럼 《차라투스트라는 이렇게 말했다》가 어떤 책인지 좀 더 자세히 살펴보죠. 니체의 대표작이자 가장 많이 팔린 독일 철학서로도 알려진 이 책은 서문에서 제4부까지 총 90개의 이야기 형식으로 구성된 대서사시입니다. 방대한 서양 사상사를 다양한 상징과 비유로 담아낸 철학서인 동시에 문학서로 일컬어지기도 합니다.

이 책의 주인공인 차라투스트라는 고대 페르시아의 예언자 조로아스터Zoroaster(B.C. 630년경~B.C. 553년경)의 독일 이름입니다. 그는 서른 살이 되던 해 고향을 떠나 산으로 들어갔는데요, 10년간 고독 속에서 정진하며 깨달음의 기쁨을 누렸지만 자신이 구한 바를 사람들에게 나누고자 하산을 결심했습니다. 산을 내려오던 중 그는 한 늙은 은둔자를 만납니다. 은둔자는 차라투스트라에게 왜 구태여 스스로 얻은 지혜를 나누려 하는지 묻습니다. 사람들은 어차피 그의 말을 알아듣지 못할 테고 그렇다면 그의 노력은 헛수고에 불과할 테니까요. 그러자 차라투스트라는 은둔자에게 대체 당신이 산에서 하고 있는 일은 무엇이냐고 되묻습니다. 은둔자는 대답했죠. 노래하고 울고 웃으며 신을 찬양한다고. 차라투스트라는 그 말에 크게 웃고는 산을 내려오며 생각합니다. '어찌 이런 일이 있을 수 있단 말인가! 저 늙은 성자는

숲속에 살고 있어서 신이 죽었다는 소문을 듣지 못했나 보다!'

그렇다면 신이 죽은 세상에서 우리는 어떤 삶을 살아야 할까요? 마을에 도착한 차라투스트라는 곡예사의 줄타기를 구경하려는 사람들의 대열에 합류합니다. 그러고는 곡예사가 곡예를 시작하기 전 자리를 박차고 일어나 새로운 인간상, 즉 위버멘쉬Übermensch('초인'이라고 번역되기도 합니다)를 제시하죠.

《차라투스트라는 이렇게 말했다》 초판본 표지

> 내가 그대들에게 위버멘쉬를 가르쳐주겠다. 인간은 극복되어야 할 무언가다. 우리는 인간을 능가하기 위해 무엇을 해왔는가? 지금까지 모든 존재는 그들 자신을 뛰어넘는 것을 창조해왔다. 그대들은 이 거대한 조수의 썰물이 되기를 원하며 인간을 능가하기보다 짐승으로 회귀하기를 원하는가?

여기서 위버Über란 '뛰어넘는'을, 멘쉬mensch란 '인간'을 뜻하니다. 다시 말해 위버멘쉬란 기존의 해로운 전통과 가치를 뛰어넘어 새로운 가치관을 만들어내는 인간인 것이죠.

그런데 안타깝게도 이 말을 들은 사람들은 그가 곡예사의 줄타기에 앞서 흥을 돋우는 광대에 불과하다고 생각합니다. 우리가 차라투스트라를 지켜본 사람들과 같은 실수를 범하지 않기 위해서는 니체의 철학을 제대로 이해할 필요가 있습니다.

서두에서 이야기했듯이 니체가 말하는 신이란 우리가 기도를 올리는 신 이외에도 서양 문명이 떠받드는 다양한 가치를 뜻합니다. 낡은 도덕과 이성에 대한 맹목적인 믿음, 플라톤의 이상주의적 세계관 등이 여기에 해당하죠. 니체는 이런 모든 가치를 재평가해야 한다고 생각했습니다. 그리고 자신의 삶을 긍정하기 위해 노력하며 스스로의 가치 속에서 성장하는 '주인의 도덕' 또는 '강자의 도덕'을 실천할 필요가 있다고 보았죠.

그는 초인은 세계의 '영원회귀'를 받아들인다고 믿었습니다. 영원회귀란 말 그대로 세상 모든 것이 영원히 반복된다는 믿음입니다. 이미 일어났거나 앞으로 일어날 모든 일이 영겁의 시간이 지난 후에는 다시 되풀이된다는 것이죠. 자연의 모든 과정을 결정하는 요인의 수는 유한하므로 이 요인들의 조합 가능한 수가 다 찬 뒤에는 이전의 조합이 반복되어야 한다는 것입니다.

순간이라는 성문 뒤로 길고 영원한 길이 뻗어 있다. 달릴 수 있는 모든 것은 모두 이미 그 길을 달렸을 것이 아닌가? 그리고 일어날 수 있는 모든 일은 이미 일어난 적이 있었을 것이 아닌가? 난쟁이여, 만일 모든 것들이 이미 존재했던 것이라면 이 성문을 어떻게 생각하는가? 순간이라는 이 성문도 이미 존재했던 것이 아닌가! 이 순간이 장차 다가올 모든 것을 끌어당기게 되어 있는 것이 아닐까? 달릴 수 있는 모든 것이 이 성문과 오솔길을 언젠가 한 번 달릴 수밖에 없기 때문이다! (…) 그렇게 우리는 영원히 되돌아오는 것이 틀림없는 것 아닌가?

이처럼 영원히 창조되며 영원히 파괴되는 세계를 그는 '디오니소스적 세계'라고 이야기합니다. 여기서 '디오니소스'란 생명성, 영원성, 긍정성을 지니고 있는 것으로 세계가 생성하고 소멸하는 과정을 있는 그대로 긍정하고 생명의 언어로 그 세계를 이해하는 과정이기도 합니다. 그리고 이를 받아들이는 초인의 태도는 아모르 파티amor fati, 즉 '운명에 대한 사랑'이라고 말했죠. 아모르 파티는 '디오니소스적 긍정'의 최고 형식으로도 불리는데요, 동일한 것이 무한히 반복되는 삶과 세계를 긍정함으로써 허무를 극복하는 적극적인 삶의 태도를 의미합니다.

그렇다면 '신이 없다면 모든 것이 가능할까?'라는 질문에 담긴 '신이 없다'는 말은 니체의 입장에서 어떻게 해석할 수 있을까요? 아마도 그는 '현실에서 도피하거나 낡은 가치관에 매몰되지 않고 지금 여기에 걸맞은 가치관을 찾고 행동하려는 사람의 보편적인 사고'라고 생각하지 않았을까요? 지금 이 글을 읽고 있는 당신은 어떻게 생각하나요? 신과 인간에 대한 니체의 생각에 동의하나요, 아니면 다른 생각을 갖고 있나요?

내가 절대로 할 수 없다고 생각하는 것은 무엇인가요?

너무 많아서 여기에 적을 엄두도 나지 않네요. 하지만 한편으로 절대로 할 수 없는 일은 없다고 생각하는 낭만주의적 관점을 지니고 있기도 합니다. 절대로 할 수 없다고 생각하기보다 도전하는 자세를 좋아하기 때문입니다. 매우 위험하거나 어려운 도전도 있을 수 있지만 도전하고자 하는 자세만큼은 권태나 고난을 극복하기 위한 적극적인 삶의 태도 아닐까요? 위버멘쉬처럼 말이죠. 당신은 어떤가요?

네 번째 인문학

사랑이
의무일 수 있을까?

새로운 사랑의 형태를 실험한 사르트르와 보부아르의 계약 결혼

•

'당신의 인생 영화는 무엇인가
요?'라는 질문을 받으면 저는 〈라스베가스를 떠나며〉(1995)를
꼽습니다. 영화 내용은 이렇습니다. 중증 알코올의존증 환자인
벤은 좋아하는 술을 실컷 마시다 죽을 생각으로 라스베이거스
로 향합니다. 그리고 그곳에서 몸을 팔며 살아가는 여자 세라를
우연히 만나는데요, 이후 벤과 세라는 운명적인 사랑에 빠져듭
니다. 영화는 이 둘을 통해 사랑에 대한 근본적인 질문을 던지
는 듯합니다. 사랑하는 사람이 죽기를 원한다면 죽도록 내버려
두어야 할까? 상대가 어떤 모습이든 있는 그대로 사랑해야만 진
짜 사랑일까?

어쩌면 사랑만큼 우리를 괴롭히는 문제도 없을 겁니다. 우리
는 늘 사랑하고 싶어 하고 사랑받고 싶어 합니다. 사랑에 설레고
사랑에 아파하죠. 그런데 오늘 우리에게 주어진 질문은 조금 낯
설고 이상합니다. '사랑이 의무일 수 있을까?' '사랑과 전쟁'도 아
니고 사랑과 '의무'라니 대체 무슨 말일까요? 질문에 답하기 전

먼저 사랑의 개념을 명확히 정의할 필요가 있을 것 같습니다. 많은 사람들이 저마다 다른 이해를 바탕으로 사랑이라는 단어를 바라보며 고민하고 있기 때문이죠. 사전적으로 사랑에는 다음과 같은 여섯 가지 의미가 있습니다.

> [1] 어떤 사람이나 존재를 몹시 아끼고 귀중히 여기는 마음. 또는 그런 일.
>
> [2] 어떤 사물이나 대상을 아끼고 소중히 여기거나 즐기는 마음. 또는 그런 일.
>
> [3] 남을 이해하고 돕는 마음. 또는 그런 일.
>
> [4] 남녀 간에 그리워하거나 좋아하는 마음. 또는 그런 일.
>
> [5] 성적인 매력에 이끌리는 마음. 또는 그런 일.
>
> [6] 열렬히 좋아하는 대상.

여기서는 첫 번째 정의, 즉 '어떤 사람이나 존재를 몹시 아끼고 귀중히 여기는 마음. 또는 그런 일'을 중심으로 논의를 전개해보겠습니다. 두 번째와 세 번째 정의는 첫 번째 정의에 비해 상대적으로 깊이가 얕고 네 번째부터 여섯 번째까지 정의는 첫 번째 정의에 일부 포함되는 내용으로 볼 수 있기 때문입니다. 사랑에 대한 사람들의 이해 범위가 넓은 만큼 우리도 가능한 넓은 정의를 골라 논의를 이어가는 편이 좋을 듯합니다.

다음으로 '의무'라는 말도 골칫거리입니다. 국방의 의무부터 부모의 의무까지 그 범위가 사랑만큼이나 넓고 방대하기 때문이죠. 그중에서 철학적으로 정의하는 의무의 의미는 이렇습니다. '도덕적으로 강제력이 있는 규범에 근거하여 인간의 의지나 행위에 부과되는 구속'.

그럼 두 핵심 단어의 의미를 생각하며 오늘의 질문을 다시 한 번 정의해볼까요? 아마 이렇게 정리할 수 있겠네요. '어떤 사람이나 존재를 아끼고 귀중히 여기는 행위가 강제력 있는 행위로 규정 또는 이해될 수 있을까?'

질문에 답하기 위해 다른 영화를 한 편 더 이야기해보겠습니다. 68회 칸 영화제 심사위원상 수상작인 〈더 랍스터〉(2015)는 사랑에 빠지지 않는 사람은 모두 유죄가 되는 가까운 미래의 가상 세계를 그리고 있습니다. 45일간 커플 메이킹 호텔에 머무르면서 이 기간 동안 짝을 찾지 못한 사람은 동물로 변하고 마는데요, 만약 솔로로 살고 싶다면 숲으로 도망쳐 호텔에서와는 반대로 '절대 사랑에 빠지지 않는다'는 규칙을 지키며 살아야 합니다. 철저히 이분법적인 이 세계에서 커플이 되려면 서로에게 공통점이 있어야 합니다. 그 때문에 코피를 자주 흘리는 여성과 커플이 되기 위해 머리를 찧어 억지로 코피를 내는 남자가 등장하기도 하죠.

끔찍하다고요? 혹시 연애나 결혼이 일종의 사회규범이 되어버린 지금 세상과 비슷하게 느껴지지는 않나요? 우리도 흔히 사랑에 빠지기 위한 조건으로 같은 음식 취향이나 비슷한 가정환경, 학력 등을 들기도 하니 말입니다. 어쩌면 커플 메이킹 호텔은 현재 한국 사회의 극단적인 형태에 불과할지도 모르겠습니다.

그럼 이번에는 과거로 가보죠. 20세기 초 프랑스 실존주의 철학을 대표하는 장폴 사르트르Jean-Paul Sartre와 여성해방운동의 선구자 시몬 드 보부아르Simone de Beauvoir는 1929년 계약 결혼을 시작합니다. 인간은 자유를 통해 자신의 존재를 주체적으로 선택해야 한다고 믿었던 사르트르와 페미니스트로서 결혼 후 여성이 남성에게 종속되는 사회 관습에 저항했던 보부아르는 사랑은 각자의 주체성을 온전히 받아들이는 관계라고 정의했습니다. 그래서 기존의 결혼 제도에 얽매이지 않는 새로운 사랑의 형태를 실험하기로 한 것이죠. 이 계약 결혼에서 사르트르와 보부아르는 다음과 같은 조건에 동의했다고 알려져 있습니다.

사르트르와 보부아르의 묘지

첫째, 서로 사랑하고 관계를 지키는 동시에 다른 사람과 사
랑에 빠지는 것을 허락한다.

둘째, 상대에게 거짓말하지 않으며 어떤 것도 숨기지 않는다.

실제로 계약 결혼 기간 중 사르트르와 보부아르는 다른 사람
과 관계를 맺었습니다. 그러면서 사각 관계에 빠지거나 둘의 관
계가 끝날 뻔하는 위기를 맞기도 하죠. 또 문란하고 부도덕하다
는 엄청난 비난에 시달리기도 했습니다. 하지만 이들의 계약 결

혼은 50년 이상 지속되어 사르트르가 먼저 세상을 떠날 때까지 이어졌는데요, 보부아르는 사르트르와의 관계에 대해 '우리의 삶이 그토록 오랫동안 조화롭게 하나였다는 사실이 그저 아름다울 뿐이다'라고 회상하기도 했습니다.

자, 이제 처음의 질문으로 돌아가 보겠습니다. 당신은 당신의 사랑이 의무로 규정지어지는 것을 어떻게 생각하나요? 그리고 이는 사랑을 대하는 옳은 방법일까요, 아닐까요?

나를 한 가지 색으로 정의한다면 어떤 색인가요?

검은색이 떠오르네요. 제게는 세계나 인생은 불행하고 비참하며 개혁이나 진보는 불가능하다고 보는 염세주의적인 면이 있거든요. 하지만 저는 여기서 한 발 더 나아가고 싶습니다. 세계와 인생의 불행과 비참함을 외면하지 않고 극복하기 위한 방법을 찾는 것입니다. 검은색이라는 사실을 피하지 않고 더 검어지지 않을 방법을 탐구하고 싶다고 할까요? 기존의 결혼 제도에 저항하면서도 사랑에 실패하지 않았던 사르트르와 보부아르처럼 말이죠. 당신은 당신을 어떤 색으로 정의할 건가요?

나는 육체를 갖고 있는 것일까,
육체인 것일까?

의심할 수 없는 진리를 찾고자 한 데카르트

●

　　　　　　가끔 몸에게 배신감이 느껴질
때가 있지 않나요? 이를테면 몸이 내 생각과는 전혀 다르게 움
직일 때 말이에요. 헬스장에서 운동을 할 때면 분명 가뿐히 들
수 있을 것 같았던 기구가 바닥을 떠날 줄 모르고 SNS에서 본
레시피대로 요리를 해보려고 재료를 썰 때면 내 칼질은 또 얼마
나 느린지. 그러면 나도 모르게 한숨을 푹 쉬고 맙니다. '이게 내
몸이야, 남의 몸이야' 하며 말이죠.

　육체와 정신의 관계 그리고 이 둘과 나라는 존재의 관계를 둘
러싼 문제는 철학사에서도 대단히 중요한 논제입니다. 이 세상
에 보여지는 나는 분명 '육체'인데 그런 나를 움직이는 것은 나
의 '정신'인 것 같기도 하면서 또 정신을 제어하는 건 내 육체인
것 같기도 하니 말이죠. 과연 나는 내 육체를 갖고 있는 걸까요,
아니면 육체 그 자체인 걸까요?

　이런 문제를 근본부터 깊이 고민한 사람이 있습니다. 17세기
프랑스 철학자로 서양 근대철학의 출발점으로 평가받는 인물,

르네 데카르트_{Rene Descartes}(1596~1650)가 그 주인공입니다.

데카르트는 자신의 철학적 논거를 바탕으로 기존 지식 체계를 뿌리부터 뒤엎어 새롭게 세우고자 했습니다. 고대와 중세의 신학 그리고 비이성적 사유가 도달하지 못한 진짜 지식을 향해 나아가고자 한 것이죠. 그는 자신의 대표작 《성찰》(1640)을 통해 '우리가 알 수 있는 것이 무엇인지'를 확인하고자 했습니다. 우리의 사유에서 잘못과 거짓을 제거하고 참된 신념을 얻기 위한 타당한 원리를 발견할 수 있다면 이 원리가 세계와 인간에 대한 과학적 이해의 기반을 제공해주리라고 믿었죠.

본격적인 사유에 들어가기 전, 데카르트는 지금까지의 신념을 모두 제거해보고자 했습니다. 우리가 믿고 있는 것 중 상당수가 거짓이라는 사실을 익히 알고 있었기 때문이죠. 그는 기존 신념의 틀을 유지한 채 이를 조금씩 수정하기보다는 신념 자체를 모두 제거한 뒤 대체할 대상을 찾는 방법이 적합하다고 보았습니다. 마치 통 속에 든 썩은 사과 하나가 다른 온전한 사과를 썩게 할 수 있는 것처럼 잘못된 신념 하나가 올바른 신념까지 잘못된 방향으로 이끌 수 있다고 생각했기 때문입니다. 이런 급진적 회의 방식을 우리는 '데카르트적 회의'라고 부릅니다.

데카르트적 회의는 존재하는 신념 전부를 거짓인 것처럼 다

룹니다. 우리는 어떤 신념이 조금의 의심도 없이 정말로 참이라고 확신할 수 있을 때만 그것을 믿어야 합니다. 지식의 토대는 '단연코 의심할 수 없는 지식' 위에 세워져야 하기 때문이죠.

데카르트는 이런 방법적 회의를 먼저 자신의 감각에 적용합니다. 그가 생각하기에 그의 감각은 때때로 자신을 속였습니다. 가령 멀리 보이는 어떤 사람을 다른 사람으로 착각하게 하는 식으로 말이죠. 데카르트는 감각의 대부분이 참이었다 할지라도 한 번이라도 우리를 속인 것은 신뢰하지 않는 것이 현명하다는 원칙을 적용해 모든 감각적 지식을 믿지 않기로 합니다.

다음 제거 대상은 감각보다 조금 더 추상적 개념인 크기와 모양, 연장성 등이었습니다. '2 더하기 2는 4', '삼각형은 세 개의 모서리를 갖는다' 같은 수학적 진리를 대표적인 예로 들 수 있죠. 이는 감각적 사실들에 비해 꽤나 확실하게 느껴지지만 데카르트는 이마저도 '단연코 의심할 수 없는 지식'이라고는 할 수 없다고 보았습니다. 심지어 우리가 어떤 악령에게 조종당하고 있을지도 모른다는 가정을 하기도 했는데요, 물론 이런 가정이 억지에 가깝다는 사실을 그 또한 잘 알고 있었습니다. 하지만 그에게 중요한 건 속임을 당하고 있을 '가능성'이 있다는 것이었죠.

데카르트는 결국 단 하나의 참된 명제를 찾아냅니다. '나는 생각한다. 고로 나는 존재한다'라는 문장으로 널리 알려진 코기토_{cogito} 명제가 그것이죠. 이는 설령 악령이 존재한다 할지라도 그리고 그 존재가 우리를 끊임없이 속이고 있다고 할지라도 도저히 속임을 당할 수 없는 자신의 '존재'가 여전히 있음을 의미합니다. 그는 우리가 2 더하기 2를 5로 믿고 있다 하더라도, 우리가 지금 넓고 따뜻한 해변에 누워 있다는 생각이 망상이라고 할지라도 우리 자신의 존재를 의심하는 것은 절대로 불가능하다고 보았습니다. 오히려 이 사실이 우리가 생각하고 있음을, 그로 인해 존재하고 있음을 보여줄 뿐이죠. 코기토 명제는 인간의 이성을 진실에 도달하는 유일한 방법으로 보는 '합리주의'에 확고한 논리성을 부여해줍니다. 데카르트가 프랑스 합리주의 철학의 아버지라 일컬어지는 이유도 여기에 있습니다.

그럼 이제 데카르트의 생각을 바탕으로 주어진 질문의 답을 찾아볼까요? 그 대답은 '정신이 육체를 갖고 있다'가 될 것입니다. 우리가 믿을 수 있는 것은 오직 '생각하고 있다'는 사실일 뿐 우리가 실제라고 믿는 지금의 세상과 경험도 100퍼센트 믿을 수는 없다고 할 수 있을 테고 말이죠.

자, 당신의 생각은 어떤가요? 정신은 과연 이성적이기만 할까요? 우리의 육체는 대체 무엇일까요?

우리는 생각에 어떤 진실을 담을 수 있을까요?

어려운 질문이네요. 저는 생각에 담을 수 있는 진실이 따로 있다기보다 항상 진실이 담긴 생각을 하기 위해 노력해야 한다고 답하고 싶습니다. 데카르트의 말처럼 제가 생각하므로 존재하는 것이라면 저의 생각이 제가 어떤 사람인지 말해주는 것일 수도 있으니까요. 또 정신이 육체를 갖고 있다고 한다면 생각에 진실과 진정성이 담겨 있을 때 행동에도 정당성이 부여되지 않을까요? 당신은 어떻게 생각하나요?

여섯 번째 인문학

죽음은 인간에게서
일체의 존재 의미를 박탈해 갈까?

죽음을 통해 삶의 답을 찾은 스토아학파

●

　　　　　스페인 출신 사진작가 코코 카
피탄Coco Captitan(1992~)의 전시회를 본 적이 있습니다. 그중 죽음
에 대한 불안을 다루는 섹션이 있었는데 "죽기 전 나는 살고 싶
다"고 적힌 글이 인상적으로 다가왔습니다. 카피탄 작가는 죽음
이 있기에 삶을 더 열심히 살아가게 된다고 말하고 있었습니다.

　죽음은 누구에게나 중요한 문제입니다. 죽음만큼 우리에게
공포감을 주는 것도 없거니와 죽음을 피할 수 있는 사람도 없기
때문이죠(우리가 죽음을 두려워하는 이유가 바로 이 사실을 알고 있기
때문일지도 모르겠네요). 그래서인지 죽음과 관련된 상상력은 세
대와 지역을 가리지 않고 끊임없이 재생산되었습니다. 누군가는
그림으로 죽음을 형상화했고 또 누군가는 글로써 인류 최대의
공포를 설명하고자 했죠. 종교적 믿음을 토대로 내세를 기원하
는 모습 또한 죽음이라는 두려움을 극복하려는 인간의 노력 중
하나였을 겁니다.

　그런 의미에서 이번 질문은 어쩌면 우리에게 주어진 50가지

질문 중 가장 중요하고 어려운 것일지도 모르겠습니다. 하지만 그만큼 이 질문에 답하고 나면 삶을 더 풍성하고 가치 있게 느낄 수 있을 것입니다. 죽음에 대한 나름의 답을 찾고 그 삶을 더 깊이 있게 살아간 수많은 철학자들처럼 말이죠.

'죽음' 하면 가장 먼저 떠오르는 이들은 스토아학파Stoicism 입니다. 스토아학파는 로마제국 시기에 유행한 철학 집단으로 로마의 16대 황제이자 5현제 시기의 마지막 인물로 불리는 마르쿠스 아우렐리우스Marcus Aurelius(121~180)도 대표적인 스토아 철학자로 알려져 있습니다. 스토아라는 이름은 이들이 주로 모인 장소인 '스토아 포이킬레Stoa poikile'의 이름을 따서 지었다고 하는데요, 이들은 금욕을 통한 행복을 추구함으로써 당대 사람들의 많은 지지를 받았습니다.

스토아학파의 가장 큰 특징은 윤리학을 실천의 영역으로 가져오고자 했다는 점에 있습니다. 이들은 이를 위해 두 가지 근본적 요구를 제시했습니다. 첫째는 행위 생활에 관한 것입니다. 스토아 철학자들은 현실주의자로 과감하게 일을 시작하고 결단에 따라 행위해야 한다고 조언합니다. 또 괴로움을 참고 쾌락을 버려야 하며 일관성을 지키기 위한 노력을 꾸준히 기울여야 한다고 이야기하죠. 아울러 이런 실천적인 삶을 가능하게 해주는 가장 좋은 방법으로 '공공생활에의 참여'를 듭니다. 이들은 인간이 사회적 존재라는 사실을 기억해야 한다고 말하며 덕이 있는 사람이 되기 위해서는 고독 속에 처박혀 있기보다 활동적인 생활을 하고자 노력해야 한다고 믿었죠.

둘째는 아파테이아Apatheia에 대한 권고입니다. 아파테이아란 정념이 없는 마음 상태를 일컫는 말입니다. 스토아학파에 따르면 우리는 정욕이나 분노, 공포에 휘둘려서는 안 되며 동정이나 후회에 의해 움직여서도 안 됩니다. 이들은 이를 두고 "세계가 무너져 떨어질지라도 의연히 버티고 서 있는 자라면 그 파편만을 맞게 되리라"라고 표현했죠.

이 두 가지 요구를 완전히 실천하는 자를 스토아학파에서는 '현자'라고 부릅니다. 그는 모든 덕을 갖추고 있는 자이자 항상 올바르게 행위하는 자이며 진정으로 행복한 자입니다. 스토아학파는 이런 현자만이 자유롭고 아름다울 수 있다고 주장했습니다.

하지만 이들은 때로 지나친 억제 탓에 비참한 죽음을 맞이하기도 했습니다. 스토아학파의 창시자인 제논Zénōn은(B.C. 335년경~B.C. 263년경) 일흔 살의 나이에 학당을 나서다가 계단에서 굴러떨어져 발가락이 부러진 뒤 스스로 목숨을 끊었다고 알려지며 그의 뒤를 이어 지도자가 된 클레안테스_{Kleanthes}(B.C. 331년경~B.C. 232년경)도 스스로 굶어 죽기를 선택했죠. 이들이 이런 선택을 한 이유는 앞서 말한 아파테이아의 상태를 유지하고자 했기 때문입니다. 즉, 무언가에 이리저리 휘둘리며 살 바에는 차라리 스스로 생을 중단하겠다고 결심한 것입니다.

스토아학파의 철학은 이후 오랜 기간 서양 문명에 영향을 미쳤습니다. 모든 인간이 선천적으로 동일하다는 '인간성'의 개념을 제시해 서양 주류 철학의 한 줄기를 형성했으며 모든 인간이 동일한 가치와 권리를 지닌 시민이라는 '세계주의'를 주창해 로마의 만민법 형성에 도움을 주기도 했죠. 유독 짧은 생을 살아간 이들이 많았으나 사상만큼은 그 누구보다 길게 남긴 철학 집단이 바로 스토아학파라고 할 수 있겠네요.

자, 그럼 우리에게 주어진 질문으로 다시 돌아가 보죠. 죽음은 인간에게서 일체의 존재 의미를 박탈해 갈까요, 아니면 새로운 가능성을 열어주는 구름판일까요? 당신의 생각은 어떤가요?

일주일 뒤 죽는다면 어떤 삶을 살 건가요?

가진 돈을 모두 다 쓰는 건 어떨까 잠시 생각해봅니다. 그런데 돈을 어디에 써야 할지 통 떠오르지가 않는군요. 그냥 오늘까지와 똑같은 삶을 사는 건 어떨까요? 하고 싶은 일을 하고 사랑하는 사람들과 대화를 나누면서요. 그럼 활동적인 생활과 정념이 없는 마음 상태를 모두 실천한 현자로 죽게 되지 않을까요? 당신은 어떤 삶을 살 것 같나요?

일곱 번째 인문학

인간은 선하다고 생각하는 것만을 추구할까?

인간 본성의 선과 악을 탐구한 맹자와 순자

•

　　　　　우리는 어릴 때부터 늘 '착하게
굴어야 한다'는 말을 듣고 자랐습니다. 아주 가깝게는 부모님과
선생님에게, 조금 멀게는 오랜만에 만난 친척이나 텔레비전, 책
과 같은 매체를 통해서 말이죠. 그런데 곰곰이 생각해보면 정말
로 늘 착한 행동만 하면서 살아온 것 같지는 않습니다. 형제자
매와 새로 산 장난감을 서로 가지고 놀겠다며 다투는 일은 다반
사고 원하는 목적을 이루기 위해 범죄는 아니더라도 '선하지 못
하다'고 느껴지는 행동을 해본 적이 한 번쯤은 있으니 말이죠.

　　그렇다면 우리는 선보다 이익을 추구하며 사는 존재에 가깝
지 않을까요? 과연 우리는 선하다고 생각하는 것만을 추구하며
살아갈까요?

　　유가를 대표하는 사상가 맹자孟子(B.C. 372년경~B.C. 289년경)는
이 같은 질문에 대답하려 한 철학자입니다. 그의 책에 따르면 당
시에는 인간 본성에 관한 세 가지 학설이 존재했습니다.

　　첫 번째는 인간의 본성이 선하지도 악하지도 않다는 것입니

다. 성무선악설性無善惡說이라고 하는데, 맹자와 동시대 철학자였던 고자告子(미상)의 입장이 여기에 속했죠. 그는 인간의 본성은 동쪽으로 터놓으면 동쪽으로 흐르고 서쪽으로 터놓으면 서쪽으로 흐르는 물과 같아서 선한 쪽으로 이끌면 선한 인간이 되고 악한 쪽으로 이끌면 악한 인간이 된다고 보았습니다.

두 번째는 인간의 본성은 선해질 수도 악해질 수도 있다는 것으로 달리 말해 인간의 본성에 선과 악의 요소가 모두 들어 있다는 입장이었습니다. 맹자의 성선설性善說, 순자荀子(B.C. 298~B.C. 238)의 성악설性惡說을 예로 들 수 있습니다.

마지막으로 세 번째 학설은 어떤 인간의 본성은 선하고 어떤 인간의 본성은 악하다는 것이었습니다. 성삼품설性三品說이 대표적인데, 성에는 상중하의 3품이 있다고 보고 상은 가르치지 않아도 선한 것, 하는 어떻게 해도 악한 것, 중은 가르침에 따라 선 또는 악이 되는 것으로 구분했습니다.

이 중 두 번째 입장에 가까웠던 맹자는 위에서 말한 대로 인간은 본래 선하다는 성선설을 주장한 것으로 잘 알려져 있습니다. 그는 기본적으로 인간 본성에는 선의 요소가 있다고 생각했는데요, 이와 더불어 성 그 자체에는 선하지도 악하지도 않은 요소가 함께 있어 이를 조절하지 못하면 악으로 이끌릴 수 있다고 주장했죠. 하지만 이런 요소는 인간은 물론 다른 생물들이 모두 함께 갖고 있는 '동물적' 측면에 해당합니다. 그러니 엄밀히 말해 인간의 본성이라 보기는 어려운 것이죠. 맹자는 이를 두고 다음과 같이 이야기합니다.

> 인간이라면 누구나 다른 사람의 불행을 차마 보지 못하는 마음[不忍之心]이 있다. 만약 한 어린아이가 우물에 빠지려는 걸 보았다고 치자. 모두들 깜짝 놀라 아이를 구하려고 할 것이다. 이렇게 측은한 마음이 없다면 인간이 아니다. 불쌍하게 여기는 마음[惻隱之心]은 어짊[仁]의 근본이고 부끄러움을 아는 마음[羞惡之心]은 의로움[義]의 근본이요, 사양하는 마음[辭讓之心]은 예절[禮]의 근본이고 옳고 그름을 가리는 마음[是非之心]은 슬기로움[智]의 근본이다.
>
> 맹자, 《맹자》

맹자는 이처럼 모든 인간은 착한 본성인 사단[四端]을 갖고 있는데 이를 토대로 인의예지[仁義禮智]라는 사덕[四德]을 쌓아야 선한 사람이 될 수 있다고 했습니다. 아무리 착한 마음을 가졌어도 이를 제대로 다스리지 않으면 잘못된 방향으로 변할 수 있기 때문이죠. 이 덕은 외적 조건의 방해가 없으면 자연히 내적으로 발현되어 나타납니다. 마치 작은 씨앗에서 나무가 자라나는 것처럼 말이죠.

그렇다면 대체 인간은 왜 동물적인 본능 대신 사단을 가꾸고 확장해야 하는 걸까요? 맹자는 이것이 바로 인간과 짐승의 다른 점이기 때문이라고 설명합니다. 다시 말해 인간이 진실로 인간다워지기 위해서는 사단을 확충하는 길밖에 없다는 것이죠.

반면 공자의 뜻을 이은 또 다른 철학자 순자는 맹자와는 정반대의 개념을 바탕으로 자신의 철학 체계를 만들어갔습니다. 앞서 언급한 성악설, 즉 인간의 본성은 악하다고 주장한 것입니다. 그는 이를 토대로 예치주의禮治主義를 내세웠습니다.

순자는 사람을 본성 그대로 두면 자신의 이익만을 구하고 서로를 질투하며 귀에 즐거운 소리나 아름다운 색채만 좋아하게 된다고 보았습니다. 그 근거로는 우리의 모습을 들었는데요, 인간의 성품이 아직 교화되지 않았다는 사실만 보아도 성품이 선할 리가 없다는 것이었죠. 그는 우리의 악한 성품으로 인해 사회가 서로 아귀다툼만 일삼는 무법천지의 공간으로 돌변할 수도 있다고 생각했습니다.

그렇다면 인간은 어떻게 도덕적으로 선해질 수 있을까요? 만

일 모든 사람이 악하다면 선의 근원은 대체 무엇일까요? 이와 관련해 순자는 다음과 같은 논지를 펼칩니다. 먼저 그는 인간은 무리를 벗어나서 살 수 없다고 생각했습니다. 더 나은 삶을 영위하기 위해서는 협동과 도움이 필수이기 때문입니다. 또 인간이 다른 생물에 지지 않기 위해서도 단결은 꼭 필요하다고 주장했습니다.

> 인간은 황소처럼 힘이 세지도 않고 말처럼 빨리 달릴 수도 없다. 그런데 황소와 말은 평생 인간에게 부려진다. 왜일까? 인간이 조직을 구성할 수 있기 때문이다. 인간이 화목하면 단결하고 단결하면 더 큰 힘을 가지며 더 큰 힘을 가지면 강력해지고 강력해지면 다른 생물을 이길 수 있다.
>
> 순자,《순자》

이런 이유로 그는 인간이 사회적으로 살아갈 수밖에 없으며 사회의 질서를 유지하기 위해 행위 규범이 필요하다고 보았습니다. 인간의 욕심은 끝이 없는 데 반해 재화는 한정되어 있기 때문이죠. 그 규범을 우리는 예禮라고 부릅니다. 예는 학습을 통해 후천적으로 기를 수 있습니다. 다시 말해 원하기만 한다면 누구나 성인이 될 수 있다는 것이죠.

이제 주어진 질문에 답해볼 차례입니다. 만약 맹자의 생각처럼 인간이 선하다면 스스로의 본성을 잘 지키고 가꿨다는 전제 하에 우리는 늘 선한 행동을 할 수도 있을 것입니다. 반면 순자의 입장처럼 인간이 악하게 태어났다면 우리는 단지 선한 행동을 추구하는 것이 아니라 자신에게 이익이 되는 행동을 추구하고 있다고 말할 수 있을 겁니다. 심지어 법과 규범이 존재하지 않는다면 범죄를 저지를 수도 있고 무질서하게 행동할 수도 있겠죠.

과연 인간의 본성은 어느 쪽에 더 가까울까요? 만약 맹자의 입장에 가깝다면 우리가 선해 보이지 않는 행동을 하는 이유는 무엇일까요? 그리고 순자의 입장에 가깝다면 단지 법과 규범을 지키며 살아가는 것이 선한 것이라고 할 수 있을까요? 당신의 생각은 어떤가요?

나는 주변 사람들의 인생에 어떤 영향을 주고 싶나요?

'선한 영향력'. 결식아동에게 무료로 식사를 제공하기로 한 파스타 가게를 통해 알게 된 문구입니다. 저는 사람이 항상 선할 수만은 없다고 생각합니다. 저 역시 항상 선한 모습으로만 존재하지는 못할 테고요. 하지만 선한 행동은 하는 사람과 지켜보는 사람 모두의 마음을 따뜻하게 만듭니다. 단 한순간이라도 더, 단 한 명이라도 더 제게서 선한 영향을 받을 수 있도록 선한 영향력을 실천하며 살고 싶습니다. 당신은 어떤가요?

_____

_____

_____

_____

_____

_____

나에 대한 앎은
지식의 일종일까?

무지보다 죽음을 선택한 소크라테스

●

　　　　2세기경 활약한 그리스의 여행
가이자 지리학자 파우사니아스_{Pausanias}(미상)는 그리스를 여행한
뒤 쓴 책《그리스 여행기_{Periegesis tes Hellados}》(2세기 후반)에 다음과
같은 글을 남겼습니다.

　　델포이의 신전 앞에는 그리스 현인들이 새긴 삶에 유용한 격
　　언이 있었다. (…) 이 현인들은 델포이에 와서 '너 자신을 알
　　라'와 '무엇이든 과도하게 하지 말라'는 유명한 말을 아폴론
　　에게 바쳤다.

　여기에 언급된 '너 자신을 알라'는 경구는 이 책을 읽는 거의
모든 사람이 이미 알고 있다고 해도 과언이 아닐 것 같은데요,
바로 그리스를 대표하는 철학자 소크라테스_{Socrates}(B.C. 470~B.C.
399)가 한 말로 알려져 있죠. 사실 이 말은 그리스 시대의 7현인
중 한 명이 남긴 말을 소크라테스가 인용한 것이라고 하는데요,

소크라테스는 왜 나를 아는 것을 중시했을까요?

주어진 질문에 답하기 전, 소크라테스의 죽음과 그가 죽음에 이르기까지의 과정을 살펴볼 필요가 있습니다. 삶에 대한 소크라테스의 태도와 철학적 자세를 가장 잘 보여주는 일화라고 할 수 있기 때문이죠.

소크라테스를 죽음으로 몰고 간 재판의 내용은 그의 제자인 플라톤의 책《소크라테스의 변론》에 잘 담겨 있습니다. 이 책은 제목 그대로 소크라테스가 그의 사상 활동이 아테네 법에 위배된다는 이유로 재판에 회부된 뒤 자신을 변론한 과정을 다루고 있습니다.

당시 고대 그리스는 쇠망의 길로 접어들고 있었습니다. 주변국 중 가장 거대한 세력을 자랑하던 페르시아 제국의 침략을 막아내는 데는 성공했지만 이후 그리스의 도시국가 중 하나인 아테네를 중심으로 델로스동맹이, 또 다른 도시국가 스파르타를 중심으로 펠로폰네소스동맹이 결성되면서 양 진영 간 전쟁이 벌어지게 되었죠. 무려 30년간 진행된 이 전쟁의 승자는 펠로폰네소스동맹이었습니다. 하지만 양쪽 모두 전력을 크게 소모한 탓에 그리스 전체가 몰락하는 계기가 되고 말았습니다.

어쨌든 전쟁에서 승리한 스파르타는 소크라테스가 살고 있던 아테네에서 과두제를 실시했습니다. 과두제란 소수의 사람이나 집단이 사회의 정치적·경제적 권력을 독점하고 행사하는 체제를 말합니다. 물론 과두제의 중심은 친親 스파르타 인사와 반反 민주주의자들이었습니다.

소크라테스는 상대방 논리의 약점을 집요하게 파고드는 특유의 토론 방식 때문에 사람들의 미움을 사기도 했지만 그에 개의치 않고 자신의 철학을 꿋꿋하게 이어나갔습니다. 그가 그렇게 할 수 있었던 이유는 과두제 주요 인사에 자신의 제자와 플라톤의 큰아버지가 있기 때문이기도 했습니다. 하지만 얼마 지나지 않아 문제가 생겼습니다. 아테네가 과두제를 몰아내고 민주제로 회귀한 것이죠. 소크라테스를 시기하던 사람들은 이 기회를 놓치지 않았습니다. 그는 두 가지 죄목으로 고소를 당합니다. 첫째는 청년을 부패하게 했다는 것이었고 둘째는 나라에서 인정하는 신을 섬기지 않고 다른 신을 믿는다는 것이었죠. 눈엣가시였던 소크라테스의 입을 틀어막고자 사람들이 얼토당토않은 죄목으로 그를 고소했던 것입니다.

소크라테스는 오늘날로 따지면 형사 고소에 해당하는 '공소'를 당했습니다. 공소에는 총 500명의 배심원이 배정되는데요, 1차 투표를 통해 죄의 유무를 따지고 유죄가 확정될 경우 2차 투표를 통해 어떤 벌을 내릴지 확정했죠. 재판은 하루 종일 진행되었으며 피고와 원고에게 각각 3시간가량의 진술 및 변론 시간이 주어졌다고 합니다. 나머지 시간은 배심원 선발과 공소장 낭독, 투표에 의한 유무죄 평결, (유죄의 경우) 원고의 구형과 피고의 반대 제의에 따른 진술이나 투표 등에 소요되었고요. 아테네의 경우는 장기 징역형이 없어서 대개 벌금형이나 공민권 박탈, 추방령 또는 사형 등이 구형되었다고 합니다.

적당한 사과와 자숙만으로도 넘어갈 수 있는 상황이었지만 소크라테스는 철학자 특유의 감수성(?)으로 자신의 무덤을 파고 맙니다. 그는 500명의 배심원 앞에 직접 나서 자신이야말로 청년을 참되게 교육하는 '아테네의 양심'이며 폴리스의 신들을 믿지 않았다는 비난 역시 논의할 가치가 없다고 일축해버립니다. 게다가 자신이 세상에서 가장 현명한 사람이라는 소문에 대해서는 '무지의 지', 즉 모른다는 것을 알고 있음을 역설합니다. 바로 이렇게 말이죠.

저는 현자라고 불리는 그 사람을 떠나며 스스로에게 마음속으로 이렇게 말했습니다. '글쎄, 우리 둘 중 누구도 아름다움과 선에 대해 확실하게 무언가를 안다고 볼 수는 없겠지만 적어도 내가 그보다는 나은 것 같군. 그는 자기가 뭘 모르는지도 모르면서 안다고 생각하지만 나는 적어도 내가 뭘 모르는지는 알고 있고 내가 그걸 안다고도 생각하지 않으니까.'

재판 결과는 어땠을까요? 1차 투표에서는 너무나 논리적인데다 잘난 척이라면 잘난 척이라고 할 수 있는 이야기를 늘어놓은 탓에 오히려 배심원들의 심기를 건드려 유죄를 판결 받았습니다. 이어진 2차 투표에서도 소크라테스는 선처를 애걸하지도, 적당한 타협안을 제시하지도 않았습니다. 결국 그에게 사형이 구형되었고 도망치라는 아내와 친구, 제자들의 청을 뿌리치고 소크라테스는 독약을 마십니다.

그가 도망 대신 죽음을 선택한 이유는 크게 두 가지로 해석됩니다. 먼저 그는 자신이 살아 있는 대신 아테네에서 추방당하거나 입막음당해 철학을 하지 못하게 되면 그 삶은 의미가 없다고 여겼습니다. 오히려 자신은 지혜를 사랑하는 활동, 즉 철학함을 멈추지 않겠다고 이야기했죠. 더불어 죽음에 대한 그의 독특한 입장도 영향을 미쳤습니다.

다른 관점으로 생각해보면 죽음이 좋은 것이라는 희망을 가질 만한 좋은 근거가 있습니다. 죽음은 완전한 무의식, 무의 상태 또는 사람들이 말하는 것처럼 이곳에서 다른 세계로 영혼이 이주하는 일종의 변화, 둘 중 하나일 테니까요.

소크라테스에게 죽음은 우리가 생각하는 일반적인 죽음, 즉 고통스럽고 잔인한 일이 아니었던 것입니다.

이 일화를 통해 해석해보면 '너 자신을 알라'라는 말의 메시 지는 이것이 아닐까 싶습니다. '나는 잘 알고 있어', '이 분야에서 는 내가 최고지'라는 독선과 오만함을 버리고 스스로의 무지를 자각하는 것 그리고 그 무지에서 벗어나기 위해 끊임없이 탐구 하고 발전해나가는 것이 중요하다는 사실 말입니다.

이제 질문으로 돌아가 보겠습니다. 나의 무지를 자각하고 여 기에서 벗어나기 위해 부단히 노력하는 것을 '지식'이라고 할 수 있을까요? 혹은 지식을 추구하는 자세나 태도에 불과하다고 해 야 할까요? 당신의 생각은 어떤가요?

죽을 때 자서전을 남긴다면 제목은 무엇으로 하고 싶나요?

속어지만 이렇게 정하고 싶습니다. 《쪽팔리지 않아》. 교양 있는 말은 아닐지 모르지만 제가 살아온 삶을 뒤돌아봤을 때 그리고 그 삶을 내 자식들에게 들려주었을 때 창피하거나 부끄럽지 않길 바라기 때문입니다. 소크라테스가 말한 것처럼 나 자신을 알기를 멈추지 않는 삶을 살고 싶고 죽기 전 그 삶이 누구에게도, 나 자신에게도 쪽팔리지 않았다고 말하고 싶습니다. 당신의 자서전 제목은 무엇인가요?

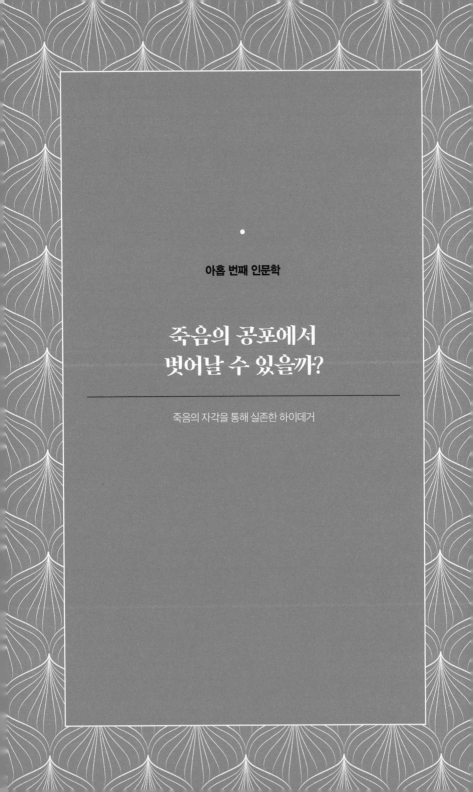

아홉 번째 인문학

죽음의 공포에서
벗어날 수 있을까?

죽음의 자각을 통해 실존한 하이데거

•

모든 국민은 법 앞에 평등하다. 누구든지 성별·종교 또는 사회적 신분에 의하여 정치적·경제적·사회적·문화적 생활의 모든 영역에 있어서 차별을 받지 아니한다.

대한민국 헌법 제11조 1항의 내용입니다. 대한민국 국민 모두가 평등하다는 사실을 법으로 천명한 것이죠. 하지만 현실은 그렇지 못하다는 것을 우리 모두가 알고 있습니다. 빈부와 성별, 지역, 나이 등 우리는 다양한 기준과 잣대로 평가받고 차별받습니다. 유사 이래 우리에게 공평한 것은 이것 하나뿐입니다. 바로 '죽음' 말이죠.

아니, 공평한 것이 하나 더 있습니다. 언젠가는 나도 죽는다는 사실을 안다는 점입니다. 어리다고 해서 또는 부유하다고 해서 죽음으로부터 영원히 눈 돌릴 수 있는 것은 아닙니다. 잠시 외면할 수 있을 뿐이죠. 게다가 죽음은 예기치 못한 순간에 찾아올 수도 있기에 그리고 죽음 후의 세계를 확신할 수 없기에 우리는 늘 죽음에 대한 두려움을 안고 살아갑니다. 과연 우리는 죽음의 공포에서 벗어날 수 있을까요?

여기 죽음이, 우리가 죽을 것을 안다는 사실이 축복이라고 말하는 사람이 있습니다. 바로 20세기 독일 철학자로 실존주의 철학을 대표하는 마르틴 하이데거_{Martin Heidegger}(1889~1976)가 그 주인공입니다. 그는 철학의 한 분야인 존재론을 주요하게 다룬 인물로 하이데거의 철학은 매우 어렵고 난해하기로 유명합니다. 철학을 전공하는 학생들 사이에서도 그의 책은 이해하기 어렵다고 정평이 나 있는데요, 특히 20세기 철학사에 큰 획을 그은 책《존재와 시간》(1927)이 서울대학교 권장도서 100선에 들어가지 못한 이유가 '너무 어렵다'였을 정도라는 말도 있죠.

본격적인 이야기에 들어가기 전, 하이데거의 책 속에 담긴 몇 가지 표현을 주의 깊게 살펴볼 필요가 있습니다. 존재자_{Seiende}와 존재_{Sein}, 현존재_{Da-Sein}가 그것입니다.

먼저 '존재자'는 인간과 자연 그리고 모든 사물들의 있음에 주목하고 이것들을 총칭할 때 사용되는 표현입니다. 즉, 존재해 있는 모든 것들을 지칭하는 말이라고 할 수 있죠. 다음으로 '존재'는 존재자들이 가진 고유하고 성스러운 성격을 말합니다. 이 세계에서는 인간만이 자신의 존재를 문제 삼으며 살아가는데, 이렇듯 존재를 묻고 이해할 수 있는 존재자, 스스로 자기 자신의 존재를 떠맡는 자를 '현존재'라 부릅니다. 요약하자면 '존재자'란 세상에 존재하는 모든 것을 말하며 '존재'는 그 존재자들이 지니고 있는 고유한 성격을, '현존재'는 스스로의 존재를 고민하는 존재자, 즉 인간을 말한다고 할 수 있습니다.

하이데거는 과거의 철학이 '존재자'만 따졌을 뿐 근원적 의미의 '존재'를 고민하지 않았다고 이야기합니다. 그는 인간이 '스스로 자기 자신의 존재를 떠맡는다'고 표현하며 다른 존재를 알려고 하기 전 먼저 인간 존재를 깊이 고찰해야 한다고 주장하죠.

그렇다면 하이데거가 생각하는 인간은 어떤 존재일까요? 하이데거는 인간의 특성을 크게 세 가지로 나누어 설명합니다.

첫째, '세계 안의 존재'입니다. 자신이 선택하거나 만들지 않은 세계에 자의와 관계없이 내던져진 존재라는 의미죠. 우리는 이 세상에 태어나고 싶어서 태어난 것이 아닙니다. 나의 의사와는 상관없이 태어나게 되었고 또 살아갈 뿐이죠. 하이데거는 이런 상태를 세계 속에 던져졌다는 의미로 '피투被投되었다'고 이야기합니다.

둘째는 '불안'입니다. 불안이란 기분은 허무감 또는 무상감 같은 느낌입니다. 때때로 스스로에게 던지는 '나는 왜 여기 살고 있을까?', '내가 사는 게 무슨 의미가 있지?'와 같은 의문이 불안을 내포한 대표적인 물음이죠. 하이데거는 이 같은 의문이 인간이라면 누구에게나 다가온다고 보았습니다.

그리고 마지막 특성이 바로 '죽음에의 자각'입니다. 인간은 불안과 불안에서 비롯된 질문을 통해 언젠가는 자신이 죽게 될 것이며 이 세상을 강제로 떠날 수밖에 없음을 깨닫게 됩니다. 이런 자각으로부터 우리는 삶의 의미를 되새기고 재구성하고자 노력하게 되는데요, 이처럼 인간 본연의 한계, 즉 유한함을 통해 자신을 성장하게 만드는 것을 하이데거는 '기투企投'라고 표현합니다. '현재를 초월하여 미래로 자기를 내던지는 실존의 존재 방식'을 갖추게 된다는 것이죠.

물론 모든 인간이 자신의 존재를 실현하며 살아가지는 않습니다. 오히려 대부분이 남들이 하는 대로 혹은 그저 주어진 대로 살아가죠. 이런 삶을 하이데거는 '비본래적 삶'이라고 합니다. 우리는 비본래적 삶에서 벗어나기 위해 결국 죽음을 직시할 수밖에 없습니다. 누구나 죽을 수밖에 없지만 바로 이 때문에 더 충실한 '본래적 삶'을 살 수 있게 되는 것이죠.

다음으로 하이데거의 시대 인식에도 주목할 필요가 있습니다. 하이데거는 우리 시대를 "인간이 마치 스스로 세계의 주인이나 되는 것처럼 행세하는 시대, 동물을 고기를 제공하는 용도로 사육하는 시대, 대지와 광석을 에너지원으로 사용하며 인간의 욕망에 부응하도록 강요하는 시대"라고 정의합니다. 심지어 이 시대는 인간 역시 '인적 자원'으로 활용되는 '몰아-세움Ge-Stell'의 세계입니다. 몰아-세움은 모든 존재자에게서 고유한 존재성을 박탈하고 '유용성', 즉 쓸모 있는 것만을 존재자로 간주하며 이런 '존재의 탈락Entzug' 자체를 은폐하기까지 합니다.

우리는 흔히 이렇게 착각합니다. 과학과 기술은 일종의 도구이며 이를 활용할 때 문제가 생기는 이유는 우리가 그것을 제대로 사용할 만큼 도덕적으로 성숙하지 못했기 때문이라고요. 하지만 하이데거는 우리 시대를 이미 과학과 기술에 종속되고 이를 신격화한 상태, 즉 과학기술이 우상이 된 상태라고 분석합니다. 인간에게는 세계를 지배하려는 탐욕이 팽배해 있는데 이 과정에 과학과 기술의 도움이 필수적이기 때문이라는 것이죠. 그는 이를 해결하기 위해 부단히 위기의식을 갖는 것은 물론 세계를 새롭게 이해할 필요가 있다고 역설합니다.

그럼 이런 시대에 자신의 존재를 고민하는 존재자, 즉 인간은 어떤 삶을 살아야 할까요? 하이데거는 "과학기술의 한계를 직시하고 매 순간 시적인 태도로 세계와 사물을 대하는 것이 중요하다"고 말합니다. 여기에서 '시적인 태도'란 사물을 소유하고 지배하는 것이 아니라 사물이 스스로 그들의 진리를 드러내게 하는 삶의 태도입니다. 이를 위해 하이데거는 우리에게 '존재자들의 지배자'가 아닌 '존재의 파수꾼'이 되라고 하는데요, 즉 존재자들 고유의 존재와 근원적 세계에 경이를 느끼며 이들의 수호자가 되는 것을 의미합니다. 그럴 때 비로소 우리는 이 위기를 극복할 수 있다고 하이데거는 말합니다.

이제 질문으로 돌아가 보죠. 우리는 과연 죽음의 공포에서 벗어날 수 있을까요? 서울대학교 김영민 교수는 저서 《아침에는 죽음을 생각하는 것이 좋다》에서 "모든 이야기에 끝이 있듯이, 인생에도 끝이 있다. 모든 이야기가 결말에 의해 그 의미가 좌우되듯이, 인생의 의미도 죽음의 방식에 의해 의미가 좌우된다"고 말했습니다. 즉, 결말에 따라 그동안의 일의 의미가 바뀔 수도 있다는 것이 '모든 인간은 제대로 죽기 위해서 산다'는 말의 의미라는 것이죠. 그렇다면 우리에게 주어진 질문은 우리가 '죽음의 공포에서 벗어날 수 있는지'가 아닌 '죽음의 공포를 통해 어떤 사람으로 변화할 수 있는지'를 묻는 것인지도 모르겠습니다. 당신의 생각은 어떤가요?

내가 혼란스러운 순간은 언제인가요?

미래가 불확실할 때, 삶에서 이루고자 하는 것들을 정말 이룰 수 있을지 불투명할 때, 이럴 때면 무엇을 해야 할지, 무엇을 할 수 있을지 혼란스러워집니다. 하지만 그럴수록 그 시간을 혼란 속에 흘려보내지 않고 '지금' 할 수 있는 일에만 집중하려고 합니다. 밥을 먹든, 책을 한 줄 읽든 어떤 작은 일이라도요. 그게 '본래적 삶'을 사는 길 아닐까요? 당신은 언제 혼란스러움을 느끼나요?

열 번째 인문학

'나는 누구인가'라는 질문에
정확한 답이 가능할까?

생각하고 변화하는 존재로서의 인간

•

옛적에 장주라는 사람이 꿈에서 나비가 되었다. 펄럭펄럭 날아다니는 나비였는데 어색함 없이 자연스러워 스스로 장주라는 사실을 잊어버렸다. 화들짝 꿈에서 깨어나 보니 엄연히 자기는 장주였다. 그러니 장주가 꿈에서 나비가 된 것인지 나비가 꿈에서 장주가 된 것인지 알 수 없었다.

《장자》 제2편 〈제물론〉 중 호접몽이라는 일화의 일부입니다. 사실 '나'라는 존재에 관한 물음만큼 오래되고 해묵은 질문도 없을 것입니다. 인류의 역사가 이어져오는 동안 수많은 철학자와 신학자, 과학자가 이 질문에 답했습니다. 고민의 역사만큼이나 대답의 내용도 다양하고 풍성합니다. 장자처럼 나라는 존재 자체에 물음을 던진 사상가도 있었고 나라는 존재가 과연 어제, 오늘, 내일이라는 시간적 연속성을 지니고 있는 것인가에 대한 질문을 던진 인물도 많았죠. 과연 우리는 '나는 누구인가'라는 질문에 정확한 답을 할 수 있을까요?

나라는 존재 자체를 탐구한 대표적 인물로는 역시 근대 철학의 문을 연 데카르트를 들 수 있습니다. 그는 《성찰》을 통해 "나라는 존재는 무엇일까. 생각하는 자다. 그렇다면 생각하는 자란 무엇일까. 의심하거나 이해하고, 긍정하거나 부정하고, 의지력을 갖거나 상실하고, 또 상상하고 감각하는 자다"라고 말하기도 했는데요, 문장을 통해 유추할 수 있는 것처럼 데카르트는 나, 즉 인간을 '생각하는 자'로 규정합니다. 인간 존재의 특성이 '생각'으로 규정된다는 것은 꽤나 의미심장합니다. 생각하지 않는 자는 '나'일 수 없으므로 (그가 생각하지 않는다고 여긴) 동물이나 식물 등의 '비인간'은 스스로의 존재를 자각하거나 규명할 수 없기 때문이죠. 실제로 이런 이분법적인 구분은 당대와 후대 학자들에게 수차례 비판받기도 했습니다.

존재의 연속성에 대한 물음도 빠질 수 없는 질문 중 하나입니다. 《플루타르코스 영웅전》의 저자인 플루타르코스Plutarchos(46년경~120년경)가 든 예를 한번 살펴보죠. 미노타우르스라는 괴물을 죽인 뒤 아테네에 귀환한 테세우스를 기리고자 아테네인들은 그가 타고 온 배를 1,000년 가까이 보존했습니다. 배의 판자가 썩으면 그 낡은 판자를 떼어버리고 새로운 판자를 박아 넣는 방식으로 말입니다. 커다란 배에서 판자 한두 개쯤 갈아 끼우는 것은 문제가 되지 않을 겁니다. 그런데 만약 그렇게 판자를 계속 갈아 끼우다 배가 처음 만들어졌을 때 사용된 재료는 하나도 남지 않았다면 어떨까요. 그 배는 과연 처음의 배라고 할 수 있을까요, 아니면 완전히 다른 배라고 해야 할까요?

플루타르코스의 물음은 인간에게도 적용될 수 있습니다. 인간의 몸을 이루는 60~70조 개의 세포들은 주기적으로 교체 과정을 거칩니다. 피부를 구성하고 있는 세포는 2~3주마다 재생되고 백혈구와 적혈구도 각각 일주일과 4개월 정도 유지된다고 하죠. 몸속 지방세포는 평균 10년 정도 유지되며 심지어는 뼈조차도 10년 주기로 재생될 수 있다고 합니다. 굳이 생물학적 측면을 살펴보지 않아도 마찬가지입니다. 오늘의 나는 어제의 내가 하지 못한 경험과 지식을 쌓아가고 있는 존재입니다. 나는 분명 나지만 끝없이 새로운 나인 것이죠. 이처럼 육체적·정신적으로 끊임없이 변화하는 나를 어떻게 정의할 수 있을까요?

현대에는 인간 존재를 수학적 측면에서 살펴보기도 합니다. 이 넓은 우주에서 우리가 각각의 고유성을 지니고 태어날 확률이 얼마나 되는지 혹시 아나요? 10의 422승분의 1이라고 합니다. 로또에 당첨될 확률, 즉 10의 15승분의 1보다 희박하고 분

모인 10의 422승이라는 숫자는 10의 64승에서 88승 정도를 의미하는 무량대수보다 큰 숫자죠. 스스로가 '쓸모없다'거나 '너무 평범하다'고 생각하고 있는 분이 있다면 이 숫자를 떠올리며 자신의 가치를 다시 한 번 생각해봐도 좋겠네요.

이제 처음의 질문으로 돌아가 보겠습니다. '나는 누구인가'라는 질문에 정확한 답이 가능할까요? 앞서 나눈 이야기들을 토대로 한다면 고유성을 갖고 태어난 존재이자 생각하는 존재이며 육체적·정신적으로 끊임없이 변화하는 존재라고 정리할 수 있을 텐데요, 이것 역시 '인간'으로서의 나를 설명하는 데 그치는 답일지도 모르겠습니다. 당신은 어떤 답을 내릴 건가요?

지금의 나는 내 과거의 총합일까요?

현재 내 모습이 지나온 날들이 종합된 결과인지 묻는 것이라면 당연히 그렇다고 생각합니다. 지금까지 살아오면서 겪었던 것, 느꼈던 것이 지금의 저를 만들었으니까요. 이 질문대로라면 '나는 누구인가'라는 질문에는 '지금의 나는 내 과거의 총합이다'라고 대답할 수도 있을 것 같네요. 같은 맥락에서 미래의 저는 제 지금의 총합이겠죠? 당신은 어떤가요? 당신의 과거가 지금의 당신을 만들었다는 데 동의하나요?

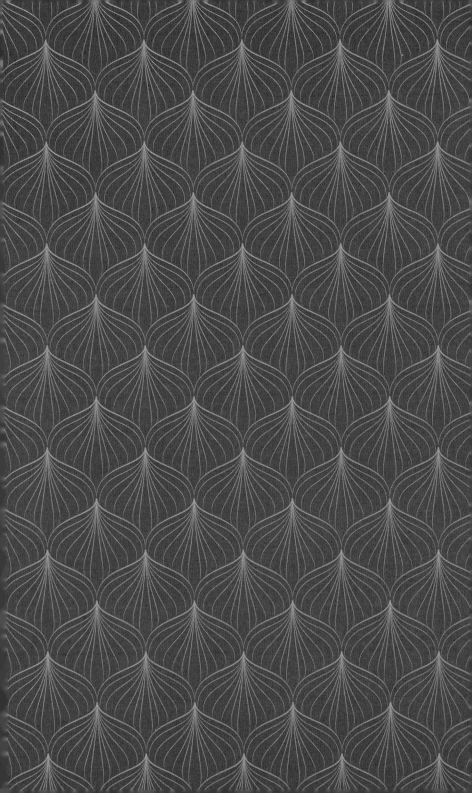

PART 2

생각에
대하여

열한 번째 인문학

새로운 생각은
가능할까?

세계에 대한 새로운 이해의 지평을 연 탈레스, 코페르니쿠스, 갈릴레이

　　　　　　　　·

　　　　　　　"하늘 아래 새로운 것은 없다"는
말을 한 번쯤 들어보았을 겁니다. 성경 구절인 '해 아래에는 새
것이 없나니'에서 비롯되어 서양의 격언으로 널리 알려져 있는
말인데, 창조와 관련된 논의에서 자주 인용되고는 하죠. 오늘의
질문 '새로운 생각은 가능할까?' 역시 이 문장의 연장선상에 있
을지도 모르겠습니다. 정말 하늘 아래 새로운 것은 없을까요?

　질문에 답하기 위해 아주 먼 옛날로 돌아가 이야기를 나누어
보려고 합니다. 처음 '이야기'라는 것이 탄생한 때로 말입니다.
고대 도시국가인 그리스가 형성된 뒤 이야기도 생겨났습니다.
우리가 흔히 '그리스·로마신화'라 부르는 것이 그것이죠. 당시
사람들은 모든 만물이 신에 의해 만들어지고 바뀌어왔다고 생
각했습니다. 신에 의해 바다가 생겼다느니, 어떤 동물은 어떤 신
이 만들었다느니 하는 식이었죠. 생명의 근원과 어둠, 사랑 같은
추상적 개념을 신으로 의인화해 이야기하는 경우도 많았습니
다. 오늘날의 과학처럼 당시에는 신을 통해 세상의 이치를 설명

하고자 했던 것입니다. 이때의 사람들에게 신화 속 이야기는 진리이자 종교였죠.

하지만 여기에 의문을 품는 사람이 나타났습니다. 최초의 유물론 학파인 밀레투스학파의 시조이자 수학자로도 널리 알려진 탈레스Thales(B.C. 625년경~B.C. 547년경)가 그 주인공입니다. 탈레스는 올리브의 풍작을 예측하고 한겨울에 기름 짜는 기계를 모조리 빌려두었다가 수확기에 높은 임대료를 받고 임대해 돈을 벌었다거나 지팡이를 이용해 피라미드의 높이를 잰 일화로도 유명합니다. '과학적 사고'를 할 줄 아는 사람이었던 거죠.

탈레스는 2,600년 전 고대 그리스의 식민지였던 소아시아 이오니아 지방의 도시 밀레투스에서 태어났습니다. 밀레투스는 부유한 항구도시였다고 알려져 있는데요, 탈레스는 항구도시 출신답게 세계가 '물'로 구성되어 있다고 생각했습니다. 이런 생각, 즉 세상이 특정한 물질로 구성되어 있다는 입장은 탈레스를 비롯한 여러 초기 그리스 철학자들의 주요 사고방식 중 하나로 이들은 세계가 특정 물질의 응축이나 기화 등을 통해 형성된다고 생각했습니다. 이것이 바로 '물질로서의 세계는 신에 의해 창조된 것이 아니라 그것 자체로 존재한다'는 유물론입니다. 탈레스가 그 물질로 물을 지목한 것은 식물이 물을 머금고 자라나는 모습이나 인간을 비롯한 동물에게서 물의 중요성 등을 보았기 때문으로 추측됩니다.

　오늘날에는 조금 우습게 느껴지기도 하는 이 생각이 중요한 이유는 이것이 일종의 과학적 사고를 통해 세상을 이해하려고 한 최초의 시도로 여겨지기 때문입니다. 앞서 살펴본 것처럼 탈레스 이전의 사람들은 모든 만물이 신에 의해 만들어지고 바뀌어왔다고 생각했습니다. 이해하기 어려운, 접근이 불가능한 상황이 생기면 늘 '신이 그러셨다'거나 '신이 노하셨기 때문'이라고 말하면 그만이었죠.

　하지만 탈레스는 이런 문제들을 과학적 사고를 통해 해결하고자 했습니다. 그는 자신의 뛰어난 분석력과 이해력을 바탕으로 세상을 더 합리적으로 설명하기 위해 힘썼습니다. 그 결과 이전과는 다른 눈으로 세상을 바라볼 수 있게 되었죠.

　비단 탈레스만이 아닙니다. 16세기 폴란드 천문학자 니콜라우스 코페르니쿠스Nicolaus Copernicus (1473~1543)는 당시 사람들이 진리처럼 믿어온 지구중심설, 즉 우주의 중심은 지구이고 모든 천체는 지구의 둘레를 돈다는 '천동설'의 오류를 지적하고 태양중심설, 즉 지구가 자전하면서 태양의 주위를 돈다는 '지동설'을 주장했습니다. 이후 그의 학설은 케플러와 갈릴레이, 뉴턴 등에

피사의 사탑

의해 수정되고 보완되어 근대과학 발전의 기틀을 마련했죠.

이 중 17세기 이탈리아 철학자이자 과학자, 물리학자, 천문학자인 갈릴레오 갈릴레이Galileo Galilei(1564~1642)는 2,000년간 서양 과학을 지배해온 아리스토텔레스Aristoteles(B.C. 384~B.C. 322)의 자유낙하에 대한 이론, 즉 '무거운 것은 빨리 떨어지고 가벼운 것은 천천히 떨어진다'는 입장을 거부했습니다. 그리고 유명한 '피사의 사탑' 실험(현대 학자들은 실제로는 이 실험이 피사의 사탑에서 이뤄지지 않았을 수도 있다고 봅니다)을 통해 자신의 이론을 증명합니다.

갈릴레이는 저서 《새로운 두 과학에 관한 논의와 수학적 증명Discourses and Methmetical Demonstrations Relating to Two New Science》에서 아리스토텔레스의 이론을 자신 있게 반박합니다. "아리스토텔레스는 100큐빗의 높이에서 100파운드의 쇠공을 떨어뜨리면 1파운드짜리 쇠공보다 100배나 빨리 떨어진다고 했지만 나는 똑같이 땅에 닿는다고 말할 것이다. 그런데 실제로 실험을 해보면 큰 공이 작은 공에 비해 손가락 두 개 정도 너비만큼 더 빨리 떨어진다. 하지만 손가락 두 개만큼의 차이를 가지고 아리스토텔레스의 99큐빗의 오류를 침묵으로 덮어주지는 않을 것"이라고 말이죠.

이 밖에도 상대성이론을 발표해 현대물리학의 시대를 연 아인슈타인, 2,000번이 넘는 실험을 통해 모두가 불가능하다고 말했던 전구를 발명한 에디슨도 남들과는 다른 생각을 통해 새로운 세계와 이해의 지평을 연 인물들입니다.

이제 우리에게 주어진 질문을 다시 생각해봅시다. '새로운 생각'은 가능할까요? 누군가는 앞서 제가 든 예들이 새로운 생각이라기보다는 세계를 조금 더 '잘' 이해하게 된 예에 불과하다고 말할지 모릅니다. 코페르니쿠스와 갈릴레이의 생각은 그들이 가장 먼저 했던 것이 아니라 사실은 이미 많은 사람들이 생각하고 있었거나 최소한 의심하고 있었던 것이라는 점을 근거로 들 수 있겠죠. 실제로 기록에 의하면 태양이 우주의 중심이라는 이론을 처음 제안한 사람은 아리스타르쿠스Aristarchus(B.C. 310~B.C. 230)인 것처럼 말입니다. 반면 또 다른 누군가는 이 또한 새로운 생각이라고 말할 겁니다. 이들은 단지 의심이나 개인의 믿음에서 그치지 않고 생각을 사실로, 확신으로 바꾸기 위해 부단한 노력을 기울였다며 말이죠. 당신의 생각은 어떤가요? 새로운 생각은 가능할까요, 아니면 하늘 아래 새로운 생각은 없을까요?

지난 한 주간 가장 흥미로웠던 경험은 무엇인가요?

'선을 넘는다'는 것에 대해 생각하게 된 일이 있었습니다. 보통 "선 넘지 마"라는 말은 부정적으로 쓸 때가 많은데 제가 있는 자리에서, 또 제가 맡은 역할에서 벗어나 어떤 행동을 하는 것이 정말 잘못된 일이기만 한 지 고민해보게 됐죠. 코페르니쿠스가 '지구가 돈다'고 말했을 때 천동설을 믿어온 사람들은 그에게 선 넘지 말라고 하지 않았을까요? 그 행동에 당위성이 있다면 과감히 선을 넘을 필요도 있지 않을까 합니다. 당신은 어떤 흥미로운 일을 겪었나요?

무엇인지 정확히 모르는 것에 대해 말할 수 있을까?

말할 수 없는 것에 대해 침묵하라고 한 비트겐슈타인

●

        2019년 〈보도지침〉이라는 연극을 보았습니다. 전두환 정권 당시 한 기자가 '보도지침'을 폭로했던 실제 사건의 판결 과정을 재구성한 법정 드라마였죠. 연극에서는 침묵하는 일의 비겁함을 계속해서 이야기합니다.

    살다 보면 우리에게도 많은 사람들의 반대에 맞서 내가 옳다고 생각하는 것을 강하게 주장해야 하는 순간이 찾아올 때가 있습니다. 모두가 아니라고 하는데 내가 맞는다고 하려면 그만한 용기가 필요하기도 하죠. 특히 그 '모두'가 국가 같은 거대한 권력이라면 내가 가진 모든 걸 걸고 두려움과 맞서야 할 수도 있습니다. 코페르니쿠스의 지동설을 옹호한 죄(?)로 교황청 종교재판에서 유죄 선고를 받고도 "그래도 지구는 돈다"고 했다고 전해지는 갈릴레이처럼 말입니다.

    하지만 한편으로 우리는 내 의견이 옳다고 자신할 수 있는지 되묻는 순간도 자주 맞닥뜨립니다. 정확히 모르는 것, 확실하지 않은 것과 수없이 마주하게 되는 존재가 바로 인간이니 말이죠.

여기 "말할 수 없는 것에 대해서는 침묵해야 한다"고 한 철학자가 있습니다. 1999년 〈타임〉이 선정한 20세기 가장 영향력 있는 인물 100명 중 순수한 철학자로는 유일하게 꼽힌 루트비히 비트겐슈타인Ludwig Wittgenstein(1889~1951)이 그 주인공입니다.

오스트리아에서 태어나 영국으로 유학을 떠났던 비트겐슈타인은 1914년 제1차세계대전이 발발하자 오스트리아군에 자원입대합니다. 이 전쟁에서 그는 이탈리아군의 포로가 되어 1년 가까이 포로수용소에서 수감 생활을 하게 되는데요, 이때 그의 전기 철학을 대표하는 책《논리철학논고》를 완성합니다. 그는 이 책을 탈고한 뒤 철학의 모든 문제를 해결했다며 자신감으로 똘똘 뭉친 모습을 보였습니다. 실제로 책이 출간되자 철학계를 떠나 초등학교 교사로 일하거나 누이의 집을 건축하는 등 한동안 유유자적한 생활을 하기도 했습니다. 이 같은 방황(?)은 그가《논리철학논고》에 결정적 결함을 자각하기 시작한 1929년까지 계속됩니다.

아무튼 비트겐슈타인은 이 책에서 언어는 세계에 대한 그림과 같다는 '그림 이론'을 주장했습니다. 그는 교통사고와 관련한 재판에서 검사가 장난감 자동차와 인형을 사용해 사건을 설명했다는 기사를 보고 이 이론을 떠올렸습니다. 사람들이 실제가 아닌 모형으로 사건을 설명할 수 있었던 이유는 무엇이었을까요? 그는 설명에 동원된 모형들이 실제의 사물과 사람에 대응했기 때문이라고 해석했죠.

비트겐슈타인에 따르면 언어와 세계의 관계도 이와 동일합니다. 즉, 언어가 마치 모형처럼 세계와 대응하고 있다는 것입니다. 그는 언어는 '명제'로, 세계는 '사태'로 구성되어 있다고 말합니다. 여기서 '사태'란 사실이 될 수 있는 가능성을 가리킵니다. 만약 그 사태가 실제로 일어나면 이를 설명한 언어, 즉 명제는 '참'이 되죠. 그는 이런 생각을 토대로 언어와 세계의 구조는 논리적으로 동일하며 언어는 세계를 그림처럼 묘사하기 때문에 의미를 갖게 된다는 주장을 펼칩니다.

문제는 언어가 가리킨 내용이 일어나지 않거나 그 언어가 실재하지 않는 사태를 언급하는 경우에 생깁니다. 비트겐슈타인은 이 중 실재하지 않는 사태를 언급하는 명제를 의미 없는 명제, 즉 '헛소리'라고 말하는데요, 이 관점을 좀 더 확장해 기존 철학이 다룬 신이나 자아, 도덕과 같은 형이상학적 주제 등은 의미 없는 이야기에 불과하다는 무용론을 주장합니다. 왜냐하면 이들은 이 세상에 없는 것, 다시 말해 언어를 초월한 것들이기 때문이죠. 여기에서 신, 자아, 도덕, 곧 '말할 수 없는 것'에 대해서는 침묵해야 한다는 문장이 탄생한 것입니다.

비트겐슈타인 사후에야 발간된 그의 또 다른 저서《철학적 탐구》(1953)는 또 한 번 철학자들을 자극했습니다. 바로 위와 같은 자신의 주장에 대한 자아비판을 담고 있었기 때문이죠. 이 책에 따르면 언어는 세상의 무엇을 가리킴으로써 의미를 갖는 것이 아닙니다. 예를 들어 '망치'는 '머리와 자루로 구성된다' 같은 본래의 속성으로 의미가 결정되는 것이 아니라 못을 박거나 빼는 데 사용되면 도구가 되고 데생의 대상이 되면 모델의 의미로 사용됐다고 할 수 있습니다. 즉, 언어가 의미 있는 이유는 무엇을 지칭해서가 아니라 말이 사용되는 다양한 삶의 양식에 내재된 규칙을 따르기 때문이라는 것이죠.

비트겐슈타인의 입장을 따라가다 보면 우리는 혼란에 빠지고 맙니다. '무엇인지 정확히 모르는 것에 대해 말할 수 있을까'라는 질문을 넘어 도대체 우리가 알고 있는 것은 무엇인지 혹은 알 수 있는 것의 범위는 어디까지인지 스스로에게 물음표를 던지게 되니까요. 당신이 생각하는 '앎의 범위'는 어디까지인가요? 그리고 우리는 무엇인지 정확히 알지 못하는 것에 대해 말할 수 있을까요?

나 스스로 전문가라고 생각하는 분야가 있나요?

전문가의 조건은 무엇일까요. 이를테면 저는 연기자라는 직업으로 제 삶을 이어가고 있습니다. 연기로 돈을 벌고 있다는 뜻이죠. 그럼 저를 연기 분야의 전문가라고 할 수 있을까요? 제가 보기에 저는 아직 배워야 할 점도 많고 제가 생각하는 연기의 정점(?)에는 아직 다다르지 못한 것 같거든요. 하지만 상대적으로 이제 막 연기를 시작한 사람이 본다면 데뷔 13년 차에 연기로 먹고사는 제가 전문가의 범주에 들지도 모르겠습니다. 혹시 이런 게 비트겐슈타인이 말한 언어가 의미 있는 이유인 걸까요? 당신은 스스로 전문가라고 말할 수 있는 분야가 있나요?

객관적인 역사는
가능할까?

사실로서의 역사와 기록으로서의 역사

•

역사_{歷史}는 자주 뜨거운 감자가 되는 이슈 중 하나입니다. 특히 일제강점기를 거친 우리나라는 일본과 과거 청산 문제를 두고 자주 부딪쳐왔는데요, 독도를 둘러싼 오랜 영토 분쟁은 물론이고 일본군 '위안부' 피해자분들의 투쟁 역시 지금까지 계속되고 있습니다.

역사는 원래 동양에서는 사_史라고 불렸고 서양에서는 그리스어 히스토리아_{historia}에서 이후 영어의 히스토리_{history}로 변형되었습니다. 근대 이후 일본은 이 'history'를 '역사'로 번역해 사용했는데요, 한국과 중국이 이를 그대로 차용하면서 동아시아에서 역사라는 단어가 일반화됩니다.

일반적으로 역사라는 단어는 두 가지 의미로 쓰입니다. 하나는 '과거에 있었던 일'이라는 뜻이고 또 다른 하나는 '과거의 사건을 연구하는 학문'이라는 뜻이죠. 이런 관점에서 볼 때 우리에게 주어진 질문인 '객관적인 역사는 가능할까'에서 '역사'는 후자에 가까워 보입니다. 다시 말해 '역사학이라는 학문이 객관성을 가질 수 있는가'라는 질문이라고 볼 수 있습니다.

　그렇다면 역사학이란 무엇일까요? 역사학은 지금이나 미래가 아닌 과거의 시간과 공간에서 벌어진 일을 연구하는 학문을 말합니다. 과거의 사람들은 무슨 일을 했으며 무엇을 먹고 살았는지, 어떤 사건이 벌어졌으며 어떻게 해결했는지 등을 살펴보는 것이죠. 더 간단히 말하면 과거 행위의 총체를 파악하려는 학문이 바로 역사학이라고 할 수 있습니다.

　그런데 우리는 무엇으로 역사를 살펴보고 연구할 수 있을까요? 바로 '사료史料'가 존재하기 때문에 다양한 연구가 가능합니다. 건축이나 도구 같은 물질을 살펴볼 수도 있고 그 시대를 경험한 사람들의 목소리로 이야기를 들을 수도 있습니다. 또 기록을 연구하는 방법도 있습니다. 기록 연구는 역사가들이 특히 주목하는 방법인데요, 오랜 세월을 거치며 과장되거나 삭제되어 불완전해질 수 있는 구전과 달리 정보가 변형될 위험이 적기 때문이죠. 물론 기록 자체가 거짓일 가능성을 배제할 수는 없습니다. 역사 왜곡은 기록을 어떻게 해석하느냐에 따라 생기기도 하지만 기록 자체가 어느 한쪽에 유리하게 또는 불리하게, 즉 사실과 다르게 작성되었을 수도 있으니까요.

　동양의 역사 서술은 중국 최초의 국가로 알려지는 하夏 나라와

사마천 초상

헤로도토스 흉상

은殷나라에서 시작되었습니다. 당시에는 사史라는 명칭을 가진 관리가 존재했다고 알려지는데요, 이들의 역할은 기록을 남기는 것이었다고 합니다. 그리고 하와 은을 이은 주周나라 이후부터 통치자의 말과 행동은 물론 당대에 발생한 천재지변까지도 폭넓게 기록되기 시작합니다. 사史는 춘추전국시대 철학자인 공자와 전한前漢 시대 역사가인 사마천司馬遷에 이르러 '과거의 사건을 평가하고 비판하는 학문'이라는 의미로 확장됩니다. 사마천이 지은 《사기》는 동양 역사서의 근간으로 평가되기도 하죠.

반면 서양의 역사 서술은 그리스의 헤로도토스Herodotos(B.C.

484년경~B.C. 425년경)로부터 시작합니다. 키케로는 헤로도토스를 '역사의 아버지'라 부르기도 했는데요, 그는 그리스와 페르시아의 전쟁을 기록한 책을 쓰고 여기에 《역사》라는 이름을 붙였습니다. 그리스어로 역사를 뜻하는 'historia'는 연구를 뜻하는 그리스어 '이스토리아 istoria'에서 유래한 말로 '과거에 관한 탐구와 그 서술'을 의미합니다. 단순히 사건을 나열하는 것이 아닌 해당 사건에 대한 해석과 비판, 교훈 등을 포괄적으로 다룬다는 뜻입니다. 《사기》와 《역사》를 통해 생각해보면 동서양의 역사 모두 사건 기록 차원을 넘어 이를 평가하고 비판하면서 나름의 교훈을 찾아갔다는 공통점이 있다고 할 수 있겠네요.

근대 이후 역사학은 본격적으로 발전하기 시작합니다. 이와 함께 사람들은 고민에 빠졌죠. '도대체 역사학이란 무엇인가'라는 물음이 그것이었습니다. 얼핏 단순해 보이는 질문이지만 그 속에는 수많은 논쟁거리가 담겨 있습니다. 특히 역사학을 '과거에 벌어진 사실 자체를 인식하는 것'으로 볼 것인지 '과거의 사실을 토대로 역사가가 이를 조사하고 연구해 주관적으로 재구성한 것'으로 볼 것인지에 관한 문제는 역사학자들의 주된 관심사 중 하나였죠.

만약 역사학의 정의가 전자와 같다면 이는 '역사적 사건 자체를 탐구하는 객관적 사실事實 연구'에 해당할 것입니다. 우리는 이를 '사실로서의 역사'라고 부르죠. 대표적으로 독일 역사가인 레오폴드 폰 랑케Leopold von Ranke(1795~1886)는 원래의 역사적 자료에 충실하면서 사료의 개념을 편견이나 선입견에 사로잡히지 않고 객관적인 입장에서 서술해야 하며 역사가는 그 사실을 알리는 역할만 해야 한다고 주장했습니다. 반면 후자의 입장을 따른다면 '사실 자체가 아닌 선택된 과거의 사실이 중요하다'고 보는입장이 될 텐데요, '기록으로서의 역사'라고 불리는 것이 바로그것입니다. 영국 역사학자 에드워드 카Edward Carr(1892~1982)는역사의 주관적 재구성을 강조한 대표적인 학자로 '역사는 과거와 현재의 끊임없는 대화이며 역사가는 자신의 생각으로 자신의 사실을 만든다'고 했죠.

　구체적인 예를 들어볼까요. 우리는 박근혜 전 대통령이 2017년 3월 10일 탄핵되었다는 사실을 익히 알고 있습니다. 이 자체를인식하는 것이 사실로서의 역사라면 이 사건의 문제의식과 의의등을 살피는 것은 기록으로의 역사라고 할 수 있습니다.

　이제 다시 한 번 질문을 살펴보도록 하죠. '객관적인 역사는가능할까'라는 질문을 역사학이 스스로에게 던진 질문으로 바꿔본다면 어떤 질문이 될 수 있을까요? 아마도 '사실로서의 역

사가 가능한가'라는 질문이 되지 않을까 싶네요. 당신의 생각은

어떤가요? 이런 역사나 역사학은 가능할까요? 만약 그렇다면

또는 그렇지 않다면 그 이유는 무엇인가요?

철학이나 역사학과 같은 과거의 지식을 알아야 할까요?

저는 과거의 지식을 앎으로써 현재의 삶이 조금 더 윤택해진다고 생각합니다. 예를 들어 철학이라는 학문을 접하면서 삶을 대하는 저의 태도도 많이 달라졌습니다. 제게 철학은 '질문하는 학문'입니다. 끊임없이 '왜'라는 질문을 던지며 답을 찾으려고 노력하는 과정에서 인간다운 삶은 무엇인지 한 번 더 생각하게 되었고 삶에 깊이를 더할 수 있었죠. 역사도 비슷한 역할을 할 수 있지 않을까요. 과거의 사건을 배움으로써 어떻게 사는 것이 옳은지, 사회가 어떤 방향으로 나아가야 할지 숙고하고 판단하게 될 테니까요. 당신은 어떻게 생각하나요?

역사는 인간에게 오는 것일까,
인간에 의해 오는 것일까?

정-반-합의 변증법으로 역사를 해석한 헤겔

●

　　　　　인간은 역사적인 존재입니다. 우
리는 늘 과거 세대에게 무언가를 물려받고 미래 세대에게 또다
시 무언가를 전달하죠. 가령 3대째 이어져오는 음식점이 있다
면 1대의 요리법을 물려받은 2대 주인장이 자신과 손님들의 입
맛에 맞게 레시피를 바꾸고 마찬가지로 3대 주인장은 2대의 레
시피를 물려받아 그 시기에 맞게 재료와 맛을 발전시킵니다. 과
학자들은 앞서 제기된 이론과 가설을 부정하거나 확증하는 과
정을 거쳐 새로운 이론을 발견하고 기업을 비롯한 여러 사회조
직 역시 이전의 업무 방식에 새로운 기술을 접목해 더 효율적인
시스템을 만들어가죠. 이처럼 우리는 과거와 현재, 미래로 이어
지는 일련의 과정 속에서 삶을 살아가고 있습니다.

　그런데 이쯤 되면 궁금증이 하나 생깁니다. 우리가 살펴본 그
과정, 즉 '역사'가 무엇에 의해 만들어지고 흘러가느냐는 물음이
바로 그것입니다. 만약 역사가 인간에 '의해' 오는 것이라면 역
사를 만들어가는 주체는 인간 자신이라고 할 수 있습니다. 반면

역사가 인간'에게' 오는 것이라면 인간은 스스로 흘러가는 역사라는 거대한 흐름을 받아들이는 하나의 대상이나 객체에 불과하다고 볼 수 있죠.

18~19세기 독일 철학자 게오르크 헤겔Georg Hegel(1770~1831)의 '변증법'이라 불리는 이론은 인간과 사회의 역사성과 발전 과정을 설명하는 철학입니다. 헤겔은 독일 관념론 철학을 완성한 인물이기도 한데요, 그에 따르면 모든 개념(정)에는 모순되는 개념(반)이 있고 이 모순은 더 새롭고 풍부한 개념(합)이 나타나면서 해소됩니다. 예를 들어 '자유'라는 정이 있다면 '속박'이라는 반의 개념이 존재하며 둘 사이의 모순을 해소하는 '법' 체계가 세워지는 식이죠. 이런 정-반-합의 과정은 더 높은 수준에서 계속 되풀이됩니다. 즉, 새로 나타난 합을 더 깊이 분석해보면 그 속에 담긴 또 다른 모순을 발견하게 되고 인간은 다시 이를 극복하는 과정을 거치게 된다는 것입니다. 헤겔은 세상의 모든 개념이 이 같은 방식으로 연관되어 있으며 그 관계를 밝히는 과정을 변증법이라 불렀습니다.

헤겔은 변증법의 과정이 우리의 의식에도 적용된다고 보았습니다. 이를테면 고대 그리스의 사람들과 현재를 사는 사람들의 사고방식은 다를 수밖에 없다는 것인데요, 이는 역사적 사건이나 시대 변화를 통해 표면화되기도 합니다. 그는 모든 사건에 숨겨져 있는 본질적인 면을 '세계정신'이라고 하고 인간의 역사는 이 세계정신이 본질을 분명하게 드러내는, 자기를 전개해가는 과정이라고 보았습니다. 헤겔은 대표적인 예로 프랑스대혁명을 들면서 이에 대해 "구세계를 몰락시키고 자기를 재창조하고 있는 전진하는 운동의 시대"라고 말하기도 했습니다(하지만 이후 프랑스대혁명이 공포정치로 귀결되자 이를 혐오하고 비판하기도 했죠).

그렇다면 그가 생각한 세계정신의 본질은 무엇이었을까요? 바로 '자유'입니다. 헤겔에 따르면 역사는 자유를 실현해가는 과정입니다. 전제군주만이 자유로웠던 고대부터 제후와 같은 소수의 사람만이 자유로웠던 중세와 근대를 거쳐 모든 사람이 자유로워지는 시대로 차츰 변화한다는 것이 그의 설명이죠.

이 과정에서 때로는 뛰어난 개인이 영웅으로 활약해 역사의 발전을 이끄는 것처럼 보이기도 하는데 헤겔은 이 또한 세계정신이 자신을 실현하기 위해 개인을 선택해 조종하는 것이라고 보았습니다. 그 예로 헤겔이 지목한 인물은 나폴레옹 1세Napoléon I (1769~1821)였는데요, 헤겔은 그를 보고 "세계정신이 말을 타고 가는 것을 보았다"고 적기도 했습니다.

그의 사상은 인간 사회의 역사성을 무시한 채 오직 이성만으로 이상 사회를 구현할 수 있다고 주장한 18세기 계몽사상가들의 한계를 통찰했다는 데 의의가 있습니다. 헤겔의 철학은 다양한 평가를 받고 있는데요, 마르크스는 헤겔의 단계적 발전 과정에서 사회주의의 아이디어를 얻은 반면 실존주의자들은 세계정신이 특정 개인을 통해 발현된다는 헤겔의 주장이 독재를 정당화하는 수단이 되었다며 비판하기도 했습니다.

이제 다시 질문으로 돌아가 보죠. 역사는 우리에게 '오는' 것일까요, 아니면 우리가 역사를 '오게' 만드는 것일까요? 만약 당신이 헤겔의 입장에 공감한다면 전자의 입장에 손을 들어주게 될 것입니다. 반면 인간이 세상을 바꿔나간다는 능동성에 주목한다면 후자에 조금 더 가까운 생각을 하게 되겠죠. 과연 역사는 무엇에 의해 움직이는 것일까요?

내가 아침에 눈을 뜨게 하는 것은 무엇인가요?

아침에 눈을 뜬다는 건 계속해서 인생을 살아가겠다는 의지의 표현이 겠죠. 그리고 계속 살아갈 의지를 얻으려면 어떤 목표가 있어야 하지 않을까 생각합니다. 제 경우 이루고 싶은 꿈이 저를 일어나게 하는 것 같네요. 또 내일의 내가 오늘의 나를 바라봤을 때 후회하지 않았으면, 부끄럽지 않았으면 하는 마음도 하나의 목표가 되어줍니다. 당신이 아침에 눈뜨는 이유는 무엇인가요?

열다섯 번째 인문학

감각을
믿을 수 있을까?

모든 지식은 경험을 통해 얻어진다고 본 흄의 경험주의

●

몇 년 전 온라인을 뜨겁게 달군 '드레스 색깔 논란'을 기억하나요? 논쟁은 한 가수의 SNS 채널에 드레스 사진이 올라오며 시작되었습니다. 사진을 본 사람들은 드레스 색깔이 흰 바탕에 금빛 줄무늬라는 의견과 파란 바탕에 검은 줄무늬라는 의견을 내세우며 치열하게 싸웠는데요, 이것이 일종의 착시에 불과하다는 사실이 밝혀지면서 단순한 해프닝으로 마무리되었죠.

그런데 사실 우리의 감각이 착각을 일으키는 경우가 비단 드레스 색깔에서뿐만은 아닙니다. 멀리서 걸어오는 친구를 보며 반가운 마음에 손을 흔들었는데 알고 보니 다른 사람이었던 경험, 한 번쯤은 있지 않은가요? 이제 우리 머릿속에 의심 하나가 스멀스멀 피어오르기 시작합니다. 바로 이번 질문에 해당하는 '감각을 믿을 수 있을까?' 하는 의심이 그것이죠.

여기 이런 의심의 최전선에 선 철학자가 있습니다. 바로 영국 경험주의의 대표 주자 데이비드 흄David Hume(1711~1776)이 그 주인공입니다. 흄은 데카르트, 라이프니츠와 같은 합리주의자들이 주장한 본유관념本有觀念을 부정했습니다. 다시 말해 감각이나 경험에 의한 것이 아닌 태어나면서부터 갖고 있는 선천적 관념은 없다고 본 것이죠. 오히려 그는 이와 반대로 '경험'이 인간의 의식을 이룬다는 주장을 펼쳤습니다.

그는 정신의 내용을 두 종류의 현상, 즉 '인상'과 '관념'으로 나누어 생각했습니다. 먼저 '인상'이란 강렬하고 생생한 지각을 의미합니다. 보는 것이나 듣는 것과 같은 직접적 감각 지각은 물론 기쁨과 슬픔 같은 직접적인 심리적 경험들이 여기에 포함되죠. 다음으로 '관념'이란 우리가 받아들인 감각 인상들이 우리 내부에서 결합되고 정리됨으로써 만들어진 결과물로 생각이나 의견, 상상 등이 여기에 해당합니다. 이를 통해 흄은 다음과 같은 결론을 도출합니다. 바로 '인간이란 감정적 동물인 동시에 이성적 동물이다. 하지만 이성은 감정의 노예에 불과하다'는 것이죠. 그는 경험이 존재해야 이성이 작동할 수 있다고 주장하면서 이성적이고 합리적인 사고로 세계의 본질을 밝혀낼 수 있다는 사람들의 신념 전반에 의문을 제기했습니다.

흄이 이렇게 생각한 이유는 우리의 관념이 인상에 의해 뒷받침되지 않는 경우가 많다는 사실 때문이었습니다. 이게 대체 무슨 말이냐고요? 이 말을 이해하기 위해 우리는 먼저 흄이 말하는 진술의 두 가지 종류를 알아볼 필요가 있습니다.

첫째, '논증적 진술'입니다. 참과 거짓이 명확한 진술이라고 할 수 있는데요, 대표적인 예로 수학적 진리를 들 수 있습니다. 가령 우리는 '1 더하기 1은 2'라는 사실을 알고 있습니다. 만약 이를 부정하고 '1 더하기 1은 3'이라고 주장하거나 '1 더하기 1의 답을 알 수 없다'고 주장하면 논리적 모순에 빠지고 맙니다. 1의 의미나 2의 의미 또는 수학적으로 사용되는 수식을 잘못 이해하고 있는 셈이 되죠.

둘째는 '개연적 진술'입니다. 참과 거짓이 명확하지 않은 경우가 여기에 해당합니다. 흄이 보기에 개연적 진술은 경험적 사실과 밀접한 관련이 있습니다. 예를 들어 '우리 집에 택배가 와 있다'라는 진술을 개연적 진술의 예로 들 수 있습니다. 이 진술이 참인지 거짓인지 확인하기 위해서는 경험을 바탕으로 사실 여부를 확인하는 수밖에 없습니다. 퇴근 후에 또는 하교 후에 집으로 가서 택배가 실제로 도착했는지 확인해보는 과정이 반드시 필요하다는 뜻이죠.

이렇듯 진술의 종류를 둘로 나누어 구분하는 방식을 우리는 '흄의 포크'라고 합니다. 흄은 우리가 모든 진술을 그것이 논증적인지, 개연적인지 따져볼 수 있다고 여겼습니다. 만약 어떤 진술이 둘 중 하나에 속하지 않는다면 우리는 그 진위를 확인할 수 없으므로 이는 '무의미한' 진술에 불과하게 되죠.

그런데 다음과 같은 진술에 흄의 입장을 대입해보면 문제가 생깁니다. 우리는 어제와 오늘 동쪽에서 해가 뜨는 모습을 보고 '내일도 동쪽에서 해가 뜰 것이다'라는 결론을 이끌어냅니다. 자, 그런데 자연이나 태양이 한결같은 패턴으로 움직인다는 우리의 주장은 과연 옳다고 볼 수 있을까요? 일단 '내일도 해가 동쪽에서 뜰 것이다'라는 진술은 논증적이지 못합니다. 정반대의 주장, 즉 '내일은 해가 서쪽에서 뜰 것이다'라는 주장이 논리적 모순을 지니고 있지 않기 때문이죠. 그렇다고 이 진술을 개연적 진술이라고 볼 수도 없습니다. 왜냐하면 내일의 해가 동쪽에서 떠오르는 모습을 지금 당장 확인할 수 없기 때문입니다.

그렇다면 우리는 왜 내일도 해가 동쪽에서 뜰 것이라는 추론을 하게 되었을까요? 흄은 이것이 인간의 '본성'이라고 규정짓습니다. 우리가 일정불변하다고 여기는 것들이 사실은 일반적인 반복에 의미를 부여한 일종의 '정신적 습관'에 불과하다는 것입니다. 우리는 이렇게 만들어진 결론을 과학이나 자연법칙으로 해석하게 됩니다. 물론 흄의 입장에서 이런 관습은 합리적 논거가 될 수 없습니다. 다시 말해 우리의 모든 지식은 경험으로 얻어지지만 경험은 인과관계 자체에 대한 지식을 주지 않기 때문에 결국 우리는 절대적으로 확실한 인과관계를 얻지 못하게 되는 것입니다.

이를 바탕으로 흄은 우리의 지식은 이성이 아니라 습관에서 비롯된 믿음에 인도된다고 말합니다. 여기서 믿음이란 '현재의 인상과 관련된 생생한 관념'이며 이는 합리주의자들의 생각을 송두리째 무너뜨리는 주장이라고 볼 수 있죠.

그렇다면 진위를 확인할 수 없는 진술은 무의미한 것일까요? 습관에서 비롯된 믿음은 완전히 의미 없는 것일까요? 물론 그렇지는 않습니다. 어쨌든 우리는 과거나 현재의 경험을 바탕으로 미래에 어떤 일이 일어나리라는 기대를 할 수 있기 때문입니다. 하지만 우리는 정신적 습관을 신중하게 적용할 필요가 있습니다. 어떤 사건의 인과관계를 추론하기 전에 그 사건들이 과거에 전혀 예외 없이 연속해 일어났는지, 그 두 가지 사건 사이에 필연적인 관계가 있는지 등을 신중하게 판단할 필요가 있다는 것입니다.

이제 우리는 더욱 혼란스러워집니다. 우리의 감각은 물론 우리가 의심 없이 옳다고 믿어온 수많은 지식들까지도 결코 곧이 곧대로 믿을 수 없을 것 같다는 생각이 들기 때문입니다. 이 글을 읽고 있는 당신은 어떻게 생각하나요? 과연 우리는 우리의 감각을, 나아가 이 세계와 지식을 믿을 수 있을까요?

나의 오랜 습관은 무엇이 있나요?

일기를 쓰는 것입니다. 매일 쓰지는 못하지만 일주일에 다이어리 한 페이지 정도를 빼곡히 채우려고 노력합니다. 일기를 쓰다 보면 힘들거나 괴로운 기억이 조금씩 정리되기도 하고 고민이나 문제를 어떻게 해결하면 좋을지 그 길이 보이기도 합니다. 흄은 철학이 '일상을 반성케 하여 생활 태도를 교정하는 것'이라고 했다는데요, 일기를 쓰는 저의 습관은 철학과 닿아 있는지도 모르겠습니다. 당신의 습관은 무엇인가요?

인류가 한 가지 언어만 말하는 것은 바람직할까?

평등한 언어를 꿈꾼 자멘호프와 언어의 상대성이론

•

　　온 땅의 언어가 하나고 말이 하나
였다. 사람들이 동쪽으로 옮겨 가던 중 시날 평지를 발견하
고 그곳에 거주했다. 그리고 서로 말하길 "벽돌을 만들어 견
고히 굽자" 하고 돌 대신 벽돌을 쓰고, 흙 대신 역청을 썼다.
그리고 또 말하길 "성읍과 탑을 건설하자. 그 탑 꼭대기를 하
늘에 닿게 하여 우리 이름을 알리고, 온 땅에 흩어지지 않도
록 하자"고 하였다. 이에 여호와가 사람들이 건설하는 그 성
과 탑을 보기 위해 내려왔다. 그리고 "이들은 한 나라의 백성
이고, 언어 또한 같다. 그래서 이런 일을 시작하였는데, 이후
의 일 또한 (나라와 언어가 같아) 막을 수 없다. 그러니 내려가
서 그들의 언어를 모두 다르게 만들자. 그리하여 그들이 자
기들끼리 하는 말을 전혀 알아듣지 못하게 하자"고 말씀하
셨다. 그리하여 여호와가 그들을 온 땅 위에 흩어놓으니 그
들은 성 쌓는 일을 그만두었다.

구약성경 '창세기' 11장에 나오는 바벨탑에 관한 구절입니다. 종교를 믿는지 안 믿는지와 관계없이 만화와 소설, 영화 등 여러 문화 콘텐츠에서 쉽게 접할 수 있는 내용이죠. 바벨탑 일화가 사실이든 아니든 우리가 살고 있는 세상에 수많은 언어가 존재한다는 것만은 분명한 사실입니다. 〈워싱턴포스트The Washington Post〉에 따르면 2015년을 기준으로 전 세계에는 7,102개의 언어가 통용되고 있다고 합니다.

세상에 수많은 언어가 존재하는 탓에 생기는 불편함은 한두 가지가 아닙니다. 학창 시절부터 평생 우리를 따라다니며 괴롭히는 영어 공부의 압박은 물론이고 해외여행을 갈 때마다 겪게 되는 의사소통 문제나 인터넷이나 책을 통해 타 언어권의 최신 정보를 알아보는 데 투자하는 노력 또한 결코 적지 않죠. 우리는 종종 생각합니다. '아니, 그냥 어릴 때부터 영어를 공용어로 쓰면 안 되는 건가?', '모든 사람들이 같은 언어를 쓰면 이런 불편함은 안 겪어도 되는 거 아닐까?' 하고 말입니다.

이런 상상을 실현하고자 노력한 사례도 있었습니다. 19세기 후반 폴란드 안과 의사였던 루도비코 자멘호프Ludoviko Zamenhof (1859~1917)는 사람과 사람, 국가와 국가 사이의 불화 요인 중 상당수가 언어에서 비롯된다는 것을 발견하고 모든 사람들이 평

피터르 브뤼헐Pieter Bruegel, 〈바벨탑〉(1563, 유화, 114x155cm, 미술사 박물관)

등하게 쓸 수 있는 언어를 만들자는 목표로 에스페란토esperanto
를 발표했습니다. 에스페란토는 영어나 중국어, 프랑스어처럼 국
력이 강한 나라의 언어가 국제어라는 미명 아래 사람들에게 강
요되는 현실을 비판하며 만들어진 인공어인데요, 전 세계 약
200만 명의 사람들이 사용하고 있는 것으로 추정됩니다. 하지
만 이 역시 인도·유럽어족에 속하는 여러 언어에 기초를 두고
만들어져 누구나 쉽게 배우기는 어렵다는 비판을 받고 있기도

합니다. 또 오늘날 영어가 수행하는 역할을 단지 에스페란토로 대체하는 것일 뿐 언어의 완전한 평등을 이루기는 어렵다는 주장도 있습니다.

한 가지 언어를 사용하자는 주장에 대한 반론 또한 만만치 않습니다. 가장 대표적인 것은 '다양한 언어를 토대로 만들어진 문화적 다양성을 해치게 될 수 있다'는 입장이죠. 미국 언어학자 에드워드 사피어Edward Sapir(1884~1939)와 벤자민 리 워프Benjamin lee Whorf(1897~1941)는 인간이 생각하는 방식을 언어가 결정한다고 보았습니다. 이른바 '사피어-워프 가설'인데요, 두 사람은 '언어는 의사소통을 하기 위한 단순한 도구 이상이며 그 자체가 생각의 형성 틀'이라는 주장을 펼쳤습니다. 다시 말해 서로 다른 언어를 사용하는 사람들은 서로 다른 문화와 인식, 생각을 바탕으로 세계를 이해한다는 의미였죠. 워프는 이 가설이 아인슈타인의 상대성이론과 비슷한 함축을 띠고 있다며 '언어학적 상대성이론'이라 부르기도 했습니다.

워프는 자신이 소방 엔지니어로 일하던 당시 겪은 일을 바탕으로 이 가설을 설명합니다. 어느 날 그는 휘발유가 들어 있는 통 저장고와 들어 있지 않은 통 저장고가 모두 있는 발전소에 소방 점검을 나갔습니다. 그리고 그곳에서 휘발유가 든 통이 있는 저장고에서는 절대 담배를 피우지 않지만 휘발유가 없는 통이 있는 저장고에서는 담배를 피우는 노동자들을 목격하게 되죠. 이들은 유류 증기 때문에 휘발유가 없는 통이 있는 저장고 역시 폭발 위험이 있다는 사실을 잘 알고 있으면서도 자유롭게 담배를 피웠습니다. 워프는 이것이 저장고의 이름 때문에 비롯된 일이라고 생각했는데요, 즉 '휘발유가 없는 저장고'라고 이름을 붙였기 때문에 사람들이 무의식중에 그 저장고는 안전하다고 생각했다는 것이죠.

이처럼 사피어-워프 가설은 언어결정론의 입장을 취한다고 볼 수 있습니다. 우리가 보통은 의식하고 있지 않은 언어의 강제력이 경험과 사고방식을 규정하며 우리는 이를 피할 수 없다는 것이죠.

이 같은 사례는 우리 주변에서도 쉽게 찾아볼 수 있습니다. '우리'라는 표현을 많이 사용하는 것이 한국의 공동체적 특성을 키우는 데 한몫했다는 주장이나 오랫동안 외국 생활을 한 사람들이 그 지역의 언어를 '(기계적으로) 잘'하는 것과 '(문화적 이해를 바탕으로) 제대로' 하는 것은 다르다고 하는 것 등이 대표적인 예입니다. 개별 문화가 지니는 장단점에 대한 논의는 차치하고서라도 언어라는 사고의 틀이 저마다의 문화를 만들고 이를 통해 다양성이 확보된다는 사실만큼은 분명해 보입니다.

다시 질문으로 돌아와 보죠. 언어에 다양성 혹은 통일성이 확보되는 것은 지금까지 살펴본 것처럼 각각의 장단점이 분명하게 존재합니다. 당신은 두 관점 중 어느 쪽을 조금 더 지지하나요? 그리고 그 이유는 무엇인가요?

타인과 관계 맺을 때 가장 어려운 부분은 무엇인가요?

저는 대화가 가장 어렵습니다. 사소하다고 생각한 말 한마디가 상대방에게 상처를 줄 수도 있고 오해를 불러일으킬 수도 있고 서로 섣부른 판단을 하게 할 수도 있기 때문입니다. 똑같은 한국어를 쓰고 있지만 어떤 단어를 어떻게 받아들이느냐는 사람마다 다르니까요. 대화하는 것을 좋아하는 만큼 더 조심하려고 하는데 쉬운 일은 아닙니다. 당신은 무엇이 가장 어려운가요?

열일곱 번째 인문학

언어는 상호 소통을 위한
수단일 뿐일까?

언어와 세계를 연결한 러셀과 비트겐슈타인

•

사람은 일정한 나이가 되면 사회화와 학습을 통해 자신이 속한 사회의 언어를 자유롭게 사용하는 능력을 습득합니다. 그리고 그 언어를 통해 타인과 대화하죠. 직접 만나 이야기하기도 하고 요즘에는 카카오톡이나 라인, 페이스북 메신저 같은 메신저 앱을 활용해 대화하기도 합니다. 우리에게 언어로 생각을 표현하거나 무언가를 설명하는 일은 별로 어렵지 않습니다. 언어를 상호 소통을 위한 수단이나 도구로 자연스럽게 사용하고 있는 것이죠.

언어를 단지 소통의 매체나 도구, 수단으로 간주하는 경향은 철학에서도 유효했습니다. 가령 근대 경험론과 계몽주의의 시초로 알려진 철학자 존 로크John Locke(1632~1704)는 '언어란 마음속에 있는 생각을 표현하는 것일 뿐'이라는 견해를 제시했습니다. 그런데 20세기에 들어서면서 이런 생각에 반대하는 철학자들이 나타났습니다. 영국 철학자이자 논리학자, 수학자이며 노벨문학상을 수상하기도 한 버트런드 러셀Bertrand Russell(1872~1970)

과 앞서 만나본 비트겐슈타인이 대표적입니다.

먼저 러셀은 언어를 통해 세계를 설명하고자 했습니다. '논리적 원자론' 또는 '원자명제'라고 불리는 이론이 그것입니다. 이 이론에 따르면 우리는 세계에 관한 하나의 이상적인 언어를 이끌어낼 수 있습니다. 이 언어는 세계와 동형 구조, 즉 동일한 형태를 지닙니다. 언어와 그에 상응하는 세계가 하나의 쌍으로 존재하는 것이죠. 만약 이런 언어를 완성하게 되면 우리는 이 세계와 관련해 어떤 명제도 참인 언어를 가질 수 있게 됩니다. 그 결과 언어를 통해 세계의 실상을 파악할 수 있게 된다는 것이 러셀의 생각이었죠.

이 언어의 최소 단위는 '명제'입니다. 더 이상 쪼갤 수 없으며 참과 거짓을 판명할 수 있는 언어를 말합니다. 이 명제와 세계는 1대 1로 대응합니다. 가령 '롯데월드 타워는 세계에서 다섯 번째로 높은 건물이다'라는 명제와 '롯데월드 타워'라는 세계는 사실로써 동일하게 대응한다는 식이죠. 이후 그의 이론을 받아들인 분석철학자들은 한동안 사실과 1대 1로 대응하는 언어의 구조를 완벽하게 알아내면 세계를 이해할 수 있다는 가설을 바탕으로 논의를 진행했습니다.

그런데 여기에 해당하지 않는 언어가 분명 존재합니다. 사실을 확인할 수 없거나 명제가 참이 아닌 경우가 그렇습니다. 예를 들어 '현재 프랑스 왕은 대머리다'라는 문장을 살펴봅시다. 이 문장은 실은 '현재 프랑스에는 왕이 있다'는 명제와 '그 프랑스 왕은 대머리다'라는 명제가 결합되어 있습니다. 이 문장이 참이기 위해서는 두 개의 문장이 모두 참이어야 합니다. 하지만 현재 프랑스에는 왕이 없으므로 이 명제는 무의미하며 거짓인 문장에 불과하죠.

'신이 노하셨다'는 형이상학적 명제 역시 마찬가지입니다. 이 문장도 사실은 두 개의 명제로 이루어져 있습니다. '신이 존재한다'는 문장과 '그 신이 노하셨다'는 문장이 그것입니다. 여기서 우리는 첫 번째 문장, 즉 '신이 존재한다'는 문장의 사실 여부를 확인할 수 없습니다. 따라서 러셀이 생각하기에 기존의 형이상학이라는 학문은 있지도 않고 확인할 수도 없는 신, 있지도 않은 프랑스 왕을 존재론에 편입시키려는 무의미한 시도에 불과했습니다.

러셀과 동시대 인물인 비트겐슈타인은 이와는 조금 다른 접근을 시도했습니다. 앞서 '무엇인지 정확히 모르는 것에 대해 말할 수 있을까'라는 질문에서 비트겐슈타인의 '그림 이론'에 관해 알아봤는데요, 그 역시 언어를 단순히 소통 도구로만 이해하지는 않았습니다. 이 이론은 언어가 세계를 그려낸다, 즉 언어가 세계를 그대로 반영한다는 주장이기 때문이죠.

비트겐슈타인에 따르면 언어는 '실제 세계를 그대로 그려내는 것'입니다. 만약 언어로 표현되지 않는 것이 있다면 그것은 언어의 한계인 동시에 세계의 한계라고 볼 수 있습니다. 우리가 언어로 표현할 수 없는 것은 없는 것이거나 있다고 해도 잘못 표현되거나 전달되어 오해를 불러일으키는 것일 뿐입니다. 물론 그것이 없는 것이든 잘못된 것이든 비트겐슈타인 입장에서는 차이가 없습니다. 어차피 두 경우 모두 무의미한 말이기 때문이죠.

하지만 앞서 언급했듯 비트겐슈타인은 언어의 본질이 세계를 묘사하는 데 있다고 보았던 전기 철학의 주장을 철회합니다. 오히려 '본질'이라고 부를 만한 공통적인 성질은 없으며 단지 '가족 유사성'이라는 것만이 존재한다고 이야기하죠. 가족 유사성이란 가족 구성원 사이에 존재하는 유사한 성질을 일컫는 표현입니다. 가령 엄마와 아빠, 나, 동생 이렇게 네 사람이 있다고 생각해봅시다. 나는 엄마와 코와 입이, 아빠와는 걸음걸이가 닮았습니다. 동생은 엄마와 웃는 모습이 닮았고 나와 동생은 말투가 비슷하죠. 이런 식으로 닮은 부분을 나열하다 보면 네 명 모두 공통적으로 닮은 구석은 없지만 서로 교차해 닮은 부분들이 있다는 것을 알게 되는데요, 이런 공통점 때문에 우리는 네 사람을 가족으로 인식할 수 있다는 것입니다.

아울러 비트겐슈타인은 언어를 일종의 '놀이'라고 규정합니다. 다시 말해 어떤 규칙과 관련된 활동이라고 보는 것입니다. 이런 시각은 언어가 그 자체로 규정되는 것이 아니라 인간의 사용에 따라 변화하고 다르게 규정될 수 있음을 의미합니다. 그는 언어의 이와 같은 특징을 일상의 언어는 물론 철학의 언어에서도 꾸준히 고민해야 한다고 생각했습니다. 또 전통적인 철학 문제중 상당수는 언어의 사용에 주목하지 못함으로 인해 생겨났다고 여겼죠. 따라서 철학적 문제에 대한 올바른 접근은 우리 삶속에서 드러나는 일상 언어의 다양한 용법을 받아들이는 데서시작됩니다. 여러 언어 놀이에 참여하면서 단어와 문장의 의미가 어떻게 생겨나고 사용되는가 하는 문제에 우리가 직접 부딪혀보아야 한다는 것이죠. 이 같은 비트겐슈타인의 후기 철학을'게임 이론'이라고 부릅니다.

하지만 그림 이론이든 게임 이론이든 '언어는 생각을 전달하는 수단에 불과하다'는 생각을 반박하고 있다는 점에서는 차이가 없습니다. 두 주장 모두 언어는 세계를 그려내는 일종의 그림이라는 생각을 바탕으로 하고 있으니까요.

이제 다시 질문으로 돌아가 보겠습니다. 언어는 상호 소통을 위한 수단에 불과할까요, 아니면 다른 기능이나 가능성을 갖고 있을까요? 당신의 생각은 어떤가요?

내가 하는 일은 나에게 어떤 영향을 주나요?

제가 하는 일은 삶에 대한 저의 철학, 이를테면 내가 이루고 싶은 것이나 다른 사람에게 어떻게 보이고 싶다 하는 이미지, 어떻게 살아갈지에 대한 방향성 등을 반영합니다. 저를 저로서 존재할 수 있게 해주고 삶을 포기하지 않게 해주죠. 비트겐슈타인은 언어가 세계를 그려낸다고 했는데 제게는 제가 하는 일이 저를 그려내는 수단이 되는 것 같습니다. 당신이 하는 일은 당신에게 어떤 의미인가요?

열여덟 번째 인문학

개인의 의식은 그 개인이 속한 사회를 반영하는 것일까?

생활환경이 사고를 결정한다고 본 펑유란

•

2015년 현직 부장판사가 쓴 책으로 오랜 기간 베스트셀러에 올랐던 문유석 판사의 《개인주의자 선언》은 "나는 사람들을 뜨겁게 좋아하는 편이 아니다. 오히려 인간 혐오증이 있다고까지도 할 수 있다"는 자기 고백으로 시작됩니다. 이어 그는 자신이 일상적으로 겪은 불편들을 하나하나 구체적으로 꼬집으며 이야기를 이어갑니다. 직장 체육대회나 등산이 치가 떨리게 싫지만 "빠지려면 없는 친척을 돌아가시게 만드는 최소한의 성의라도 표시해야 한다"거나 회식 때 술잔을 거절해 다른 사람의 주목을 받는 것이 싫어 "일단 받아먹고 음료수 잔에 뱉는 눈치"를 보여야 한다고 말입니다. 그러면서 "집단주의 성향이 강한 한국사회에서 투사가 되기 싫으면 연기자라도 되어야" 한다고 이야기합니다.

모르긴 몰라도 이 글을 읽는 당신 역시 살아오는 동안 최소한 한 번은 투사 아니면 연기자 역할을 맡아보지 않았을까 싶습니다. 매번 영 내키지 않는 체육대회나 등산(참고로 제 친구는 지난 추석 연휴에 노총각 상사와 '사비'로 골프장에 다녀왔습니다)은 물론 주말에도 출근하는 상사의 눈치를 보느라 괜히 휴일을 반납해 가며 사무실에 나간 경험(추석 연휴 상사와 사비로 골프장에 다녀온 바로 그 친구 이야기랍니다. 되게 힘들게 사는구나, 너!)까지, 이쯤 되면 우리 사회의 집단주의와 위계질서 중시 풍토가 만드는 불편함이 이만저만이 아니라는 생각이 들지 않나요?

그렇다면 우리 사회는 도대체 왜 이런 불편함을 오랫동안 문화라고 생각해온 걸까요? 또 지금 우리 세대는 왜 이를 문화가 아닌 적폐로 느끼는 걸까요?

다양한 층위의 시대적 요구로 빚어진 변화를 단 하나의 잣대로만 이야기할 수는 없겠지만 이를 동양적 사고관이 지배하던 과거와 서양적 사고관이 유입되어 정착하는 현재로 구분해 설명하려는 사람들이 있습니다. 최초로 중국인에 의한《중국철학사》(1934)를 완성한 현대 중국 철학자 펑유란馮友蘭(1894~1990)도 그중 한 명입니다. 그는 서양적 사고관을 개인주의적이며 수평적인 문화로, 동양적 사고관을 집단 중심적이며 위계적인 문화로 보며 이는 각기 다른 생활환경에서 비롯되었다고 설명합니다.

그에 따르면 서양 문화의 기틀이 된 고대 그리스와 로마는 해양국의 성격을 지니고 있습니다. 지중해를 기반으로 상업 활동을 하며 부를 축적했고 서로의 물건을 사고팔기 위해 만들어진 도시를 기반으로 생활했다는 것이죠. 따라서 이들은 가족의 이익보다 도시 공공의 이익에 더 많은 관심을 두게 되었으며 어느 개인이 다른 개인보다 더 중요하거나 우월하게 여겨질 이유가 없었기 때문에 사회조직도 위계적이지 않았습니다. 반면 중국으로 대표되는 동양은 대륙국의 성격을 지닙니다. 바다를 통해 이곳저곳을 여행하거나 무역하는 것은 이들에게는 먼 나라 이야기일 수밖에 없죠. 사람들은 주로 내륙에 거주하고 상업이나 무역업보다는 농업에 종사하며 생계를 유지합니다. 그 결과 사람들은 자신들이 살아가면서 먹을 것을 마련할 터전을 잡은 조상을 제사 등을 통해 숭배하게 되었고 이와 더불어 농사 경험과 풍부한 지식을 지닌 어른을 공경하고 서로의 일손을 돕는 위계적·공동체적 문화를 형성하게 된 것이죠.

수천 년간 이어져오며 다양하고 복잡하게 얽힌 문화적·사상적 차이를 한두 가지 이유로 간단히 설명할 수는 없지만 큰 맥락에서는 공감할 수 있는 이야기가 아닐까 싶습니다. 어쨌든 가족이나 사회 내에서 위계질서를 중시하고 공동체나 집단 문화에 적극적인 참여를 강조하는 모습은 우리 모두 오랫동안 마주해온 현실이기 때문이죠. 여전히 우리 사회에는 집단을 중시하는 문화가 많이 남아 있지만 이를 불편하게 여기는 사람들 또한 점차 많아지는 것은 동양적 사고관을 바탕으로 한 우리 사회에 서양의 자본주의와 문화가 유입되는 과정에서 생겨나는 진통 중 하나인 듯합니다.

그럼 우리에게 주어진 질문으로 돌아가 보죠. 개인의 의식은 그 개인이 속한 사회를 반영하는 것일까요? 만약 펑유란의 입장을 받아들인다면 우리의 의식은 우리가 속한 문화권과 그 문화권에 포함된 사회를 일부 반영하는 것이라고 이야기할 수 있을 것입니다. 반면 여기에 공감하지 못하는 사람은 개인의 의식이 사회의 영향보다는 각자가 지닌 성향이나 기질에 더욱 큰 영향을 받는다고 이야기할 수 있겠죠. 내가 알고 있는 사회가 전부가 아님을 의식하는 사람은 다른 사회의 문화를 빠르게 수용할 수도 있을 테니까요. 당신의 생각은 어떤가요?

나 자신도 모르게 피해버리는 일이 있다면 무엇인가요?

저는 불편한 사람과의 관계를 피하게 되는 것 같습니다. 우리 사회에서 불편한 관계를 피하며 산다는 건 투사 아니면 연기자가 되어야 하는 일이라고 책에서 읽었는데요, 피할 수 없다면 연기자보다는 투사가 되고 싶지만 절대 쉽지 않은 일이라 생각합니다. 투사가 되려면 많은 위험을 감수해야 할 테니까요. 하지만 그 일이 다수의 행복을 위한 것이라면 옳은 일을 행하는 사람이고자 합니다. 당신은 어떤 일을 피하게 되고 피하기 위해 어떤 선택을 하나요?

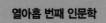

열아홉 번째 인문학

진리는 절대적인 것일까,
상대적인 것일까?

소피스트에 맞서 절대적이고 불변하는 진리를 추구한 소크라테스

∙

앞서 '새로운 생각은 가능할까' 라는 질문의 답을 찾아보면서 우리는 오래전 사람들이 자신의 주변에서 일어나는 이해 불가능한 일을 '신화'라는 방식으로 설명했다는 사실을 확인했습니다. "천둥이 쳤다고? 아이고, 제우스와 헤라가 또 싸우나 보네", "폭풍우가 부는 걸 보니 얼른 포세이돈 신께 잘못을 뉘우쳐야겠어!"라고 말이죠. 이런 관습은 대를 이어 전승되면서 일종의 진리이자 상식으로 통용되었습니다.

하지만 시간이 지나면서 이 같은 믿음이 무너지기 시작합니다. 농경의 발전과 그에 따른 인구의 증가 그리고 도시의 확장이 계기였죠. 도시가 넓어지고 멀리 떨어져 있던 문명 간의 소통이 시작되자 사람들은 새로운 사실을 깨닫게 됩니다. 바로 각 지역에서 믿어온 신화가 서로 다르다는 것이었습니다.

그리스와 중국의 신화를 비교해볼까요. 그리스신화의 신들은 인간과 유사한 점이 많았습니다. 인간의 모습을 하고 인간과 비슷한 감정을 느끼죠. 여신인 헤라가 인간처럼 다른 여자들을 시기하고 질투한다든가 하는 식으로요. 반면 중국 신화에 나오는 신은 인간과는 다른 모습이며 세속을 초월한 성격을 지닙니다. 가령 홍수 신화에서 하계夏系의 홍수신들은 물고기 또는 인면어신의 모습을 하고 있었죠.

다른 문화를 만난 사람들은 '멘붕'에 빠졌습니다. "내가 절대적으로 옳다고 여긴 신화가 상대적이며 문화적인 차이에서 비롯된 결과물에 불과하다고?"라며 말이죠. 다른 것은 비단 신화뿐만이 아니었습니다. 도덕과 법률, 아름다움을 판단하는 기준, 태초에 세계가 생성된 과정에 대한 설명까지 모든 것이 달랐죠.

고대 그리스 철학자로 소피스트Sophist의 원조라 불리는 프로타고라스Protagoras(B.C. 485년경~B.C. 414년경)는 이런 혼란을 대변한 대표적인 인물입니다. 프로타고라스의 사상은 '인간은 만물의 척도다'라는 말로 함축할 수 있는데요, 그는 절대적이며 궁극적인 진리는 존재하지 않는다고 주장했습니다. 진리가 사람이나 문화, 시대, 장소마다 달라질 수 있는 주관적이고 상대적인 것이라 본 것이죠.

프로타고라스의 철학이 대중에게 환영을 받자 이들과 유사한 주장을 펼치는 사람들이 나타나기 시작했습니다. 바로 소피스트라 불린 상대주의자들이었죠. 이들은 합리적 이성을 바탕으

라파엘로 산치오Raffaello Sanzio, 〈아테네 학당〉(1509~1510, 프레스코 벽화, 579.5×823.5cm, 바티칸 미술관)

로 기존 가치 체계에 끊임없는 의심을 품으며 정의나 선악 같은 개념이 객관적이지 않다고 주장했습니다. 이 또한 시대와 장소, 개개인의 경험 등에 따라 달라진다고 본 것이죠. 다른 철학자들은 소피스트들의 말은 궤변에 불과하다며 비난했고요.

그런데 예상치 못한 문제가 생기기 시작했습니다. '절대적인 진리가 없어? 그럼 그냥 나 편한 대로 살면 되겠네!' 하는 생각으로 제멋대로 살면서 지혜의 추구를 경시하는 풍조가 생겨난 것입니다. 극단적인 경우 객관적인 것은 없으니 언쟁에서 이기기만 하면 된다거나 사람을 죽여도 법정에서 이기면 잘못이 아니라는 식의 주장도 나오기 시작했죠.

'무지의 지'를 설파한 소크라테스는 이들의 입장에 반대했습니다. 오히려 인간은 절대적이며 불변하는 진리를 추구해야 한다고 외쳤죠. 그는 아테네 곳곳을 돌며 소피스트들과 맞섰습니다. 그들에게 질문 공세를 퍼부어 스스로의 무지를 깨닫게 하는 '산파술'을 통해서 말입니다.

말이 나온 김에 산파술이 무엇인지 알아봅시다. 어느 날 소크라테스는 에우튀프론이라는 신관을 만납니다. 그는 자신의 아버지를 살인죄로 고소한 상태입니다. 농장 일을 돕던 고용인이 술에 취해 집안 하인을 죽였는데 아버지가 그를 결박하고 재판관에게 처결을 묻는 사이 그가 사망하게 되었다는 것이 이유였죠. 대개는 가족의 허물을 덮기 마련인데 아버지를 고소한 이유가 무엇인지 묻자 에우튀프론은 자신은 경건한 일이 무엇인지 알기 때문에 경건한 일을 했다고 대답합니다. 소크라테스는 그의 대답을 놓치지 않고 '경건함'이 대체 무엇이냐고 묻습니다. 두 사람은 총 네 번에 걸쳐 번갈아 답하고 그 주장을 반박합니다. 이런 식으로 말이죠.

에우튀프론: 소크라테스, 저는 이렇게 생각합니다. 신을 기쁘게 하는 것은 경건하고 그렇지 않은 것은 경건하지 않습니다.

소크라테스: 훌륭하네, 에우튀프론. (…) 우리가 아까 이야기했던 걸 되짚어보지. 신을 기쁘게 하는 물건이나 사람은 경건하고 신에게 미움받는 물건이나 사람은 불경하다고 했지. 그렇다면 경건함과 불경함은 같은 것이 아니고 서로 반대되는 개념일 테지. 그렇지 않은가? (…) 그런데 또 우리는 신들이 종종 다른 신들과 불화를 겪거나 그들 사이에 다툼이 생겨 언쟁한다고 이야기했지 않은가? (…) 그렇다면 같은 것이 신에게 미움받기도 하고 사랑받기도 할 것이오. (…) 에우튀프론! 이에 따르면 같은 것이 경건하기도 하고 불경하기도 할 것이오.

플라톤,《에우튀프론》

산파술이 무엇인지 감이 잡히나요? 소크라테스는 질문과 대답을 끊임없이 반복하며 지혜에 한 발 더 다가가고자 했습니다. 그리고 이 과정에서 자신의 역할은 마치 산파가 산모의 수월한 출산을 돕는 것처럼 사람들이 지혜를 깨우칠 수 있도록 돕는 것이라고 믿었죠. 물론 그렇게 발견한 지혜는 시대와 장소를 불문하고 변하지 않는 것이어야 했고요.

이제 질문으로 돌아갈 차례입니다. 진리는 절대적인 것일까요, 아니면 상대적인 것일까요? 만약 진리가 상대적이라면 우리는 무엇을 기준으로 그것을 진리라고 인정할 수 있을까요? 진리가 절대적이라면 그런 진리의 예로는 무엇을 들 수 있을까요?

대화만이 진리에 이르는 길일까요?

진리를 찾는 건 정말 어려운 일인 것 같습니다. 과학에서는 '세상 모든 것은 변한다'를 유일한 진리라고 한다는데, 진리가 무엇인지 명확히 설명하는 것부터 어렵게 느껴지네요. 이렇게 찾기 어려운 진리를 얻는 방법이 과연 하나일 수 있을까요? 대화를 통한 논쟁이 진리에 이르는 길일 수도 있지만 어떤 생각을 실험에 옮기는 행동도 진리를 찾는 길이 될 수 있지 않을까 합니다. 당신은 어떻게 생각하나요?

스무 번째 인문학

상상과 현실은
모순될까?

상상력을 긍정한 흄과 모순을 긍정한 헤겔

•

    '상상'이라는 단어를 들으면 어떤 생각이 제일 먼저 떠오르나요? 어릴 때 저는 커서 저만의 세계를 만드는 사람이 되고 싶었습니다. '어떤 세계?'라고 묻는 분도 있겠지만 구체적으로 어떠어떠한 세계라기보다 그저 세계를 만들고 싶었어요. 때로는 소설이나 시를 통해 저만의 세계를 만들고 싶었고 다큐멘터리를 찍어서 내가 가진 문제의식을 사람들과 나누고 싶기도 했죠. 세상에 없는 제품을 발명하고 싶다는 생각도 했고 저만의 식당을 꾸려보고 싶다는 생각도 했습니다. 하지만 어른들에게 이런 이야기를 하면 돌아오는 답은 늘 똑같았습니다. "네가 아직 세상을 몰라서 그래. 안정적이고 편한 삶이 최고야. 좋은 대학, 인기 있는 학과에 가서 대기업이나 공기업에 들어가. 네 꿈은 그 뒤에 펼쳐도 늦지 않아."

    어쩌면 우리의 어린 시절 상상은 늘 어른의 현실과 부딪치기만 했는지도 모르겠습니다. 그런데 정말 상상과 현실은 모순될 수밖에 없는 걸까요?

먼저 상상과 현실의 의미를 살펴봅시다. 사전적 의미에 따르면 상상은 '실제로 경험하지 않은 현상이나 사물에 대하여 마음속으로 그려보는 것'을 말합니다. 반면 현실은 '현재 실제로 존재하는 사실이나 상태'를 말하죠. 둘 사이가 모순되는 것처럼 보이는 경우가 많은 이유가 명백해지는 듯하네요. 하나는 실제로 존재하지 않는 것 혹은 경험해보지 못한 것을 말하는데 다른 하나는 실제로 존재하는 것을 이야기하는 단어이니 말이죠.

이성을 토대로 세상에 대한 명확한 인식을 강조한 철학자들은 대부분 상상력을 부정적으로 보았습니다. 근대 합리주의 철학자인 데카르트는 상상이 오류를 야기하는 주범이라고 말합니다. 그는 앞서 '나는 육체를 갖고 있는 것일까, 육체인 것일까'라는 질문에서 살펴본 것처럼 확실한 지식을 추구한 철학자였습니다. 그래서 '나는 생각한다. 고로 나는 존재한다'는 확실한 명제 위에 수학적 진리를 쌓아가려고 했습니다. 수학이야말로 오로지 이성을 토대로 작동하는 지식 체계라고 보았기 때문이죠. 바로 여기서 문제가 발생합니다. 수학적 진리는 (최소한 그것이 진리임을 가정한다면) 상상력을 허용할 수 없는 체계이기 때문입니다. 1 더하기 1은 오로지 2가 되어야지 3이나 4가 될 수는 없는 것이죠.

상상력에 대한 비판적 견해는 당대 수많은 철학자의 책과 목소리를 통해서도 확인할 수 있습니다. 또 다른 17세기 프랑스 철학자이자 수학자와 과학자로서 천재성을 보여주기도 한 블레즈 파스칼Blaise Pascal(1623~1662)은 "상상력이 이성과는 다른 방식으로 자기 주인들의 마음을 완전히 만족시키는 것을 볼 때보다 더 우리를 화나게 하는 일은 없다"고 했을 정도였습니다.

반면 상상력을 긍정적인 측면에서 살펴본 철학자들도 많았습니다. 앞서 만나본 18세기 경험주의 철학자 흄이 대표적인 예입니다. 그는 상상력을 철학의 핵심 주제 중 하나로 규정하고 수많은 철학적 난제를 해결하기 위해서는 상상력의 올바른 이해가 필수라고 주장했죠. 그는 인상들 간의 단절을 넘어 동일성을 확보할 수 있는 수단은 오직 상상력뿐이라고 말합니다. 또 지각에 단순히 주어진 것들을 넘어 원인과 결과 사이에 필연적인 연관성이 있다는 믿음, 구체적인 관념들을 넘어 그 관념들을 묶어준다고 생각되는 자아라는 실체가 있다는 믿음 등은 모두 상상력의 작용으로 가능한 것이라고 보았죠.

한편 헤겔의 변증법에서는 진리의 규칙으로서의 모순이 가장 중요한 개념 중 하나입니다. 우리는 보통 모순이라는 단어를 창과 방패 고사를 통해 '앞뒤가 맞지 않음'으로 이해하는데요, 사전에서는 철학 개념으로서의 모순을 '투쟁 관계에 있는 두 대립물이 공존하면서 맺는 상호 관계'라는 별도의 정의로 설명합니다. 예를 들어 어떤 명제 p와 그 명제의 부정명제 ~p가 있을 때 이 둘의 양립은 최종적으로는 인정되지 않고 부정되지만 헤겔은 이 부정의 전 단계로서 두 명제 p와 ~p의 양립을 인정합니다. 왜냐하면 이 두 명제의 모순을 근거로 새로운 진리가 정립되기 때문이죠. 이렇게 정-반-합으로 전개되는 변증법에 대해서는 앞서 살펴본 바가 있는데요, 이런 변증법적 모순은 사물이나 체계 등의 객관적 실재에 속하며 변화와 발전의 근원이 됩니다.

그렇다면 우리는 상상력을 그리고 상상과 현실의 관계를 어떻게 바라봐야 할까요? 각자 자신만의 답을 내릴 수 있겠지만 저는 테슬라Tesla와 스페이스XSpaceX를 운영하고 있는 사업가 일론 머스크Elon Musk의 말을 빌려 이번 장을 마쳐볼까 합니다.

첫 번째 단계는 무언가가 가능하게 만드는 것이다. 그럼 가능성이 생긴다.

만약 다시 태어난다면 어떤 모습으로 태어나고 싶나요?

저는 특별히 다음 생을 상상해본 적이 없습니다. 하지만 지금보다 더 나은 사람이 되는 상상은 자주 합니다. 그러기 위한 방법은 무엇일지 고민하기도 하고요. 헤겔의 생각을 적용해보자면 상상과 현실은 그 자체로 모순되기 때문에 '새로운 현실'을 창조할 수도 있는 것 아닐까요? 다시 태어나는 일에 의미를 부여하는 대신 지금의 현실이 새로운 현실이 되도록 발전하는 사람이 되고 싶습니다. 당신은 어떤가요?

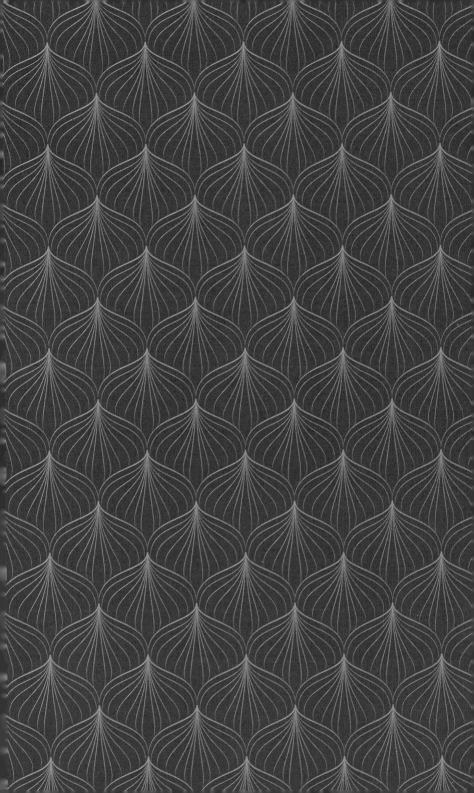

PART 3

윤리에
대하여

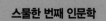

스물한 번째 인문학

'옳은 일'과 '그른 일'은 단지
관습적인 것에 불과할까?

최대 다수의 최대 행복을 꿈꾼 공리주의

•

한 아이가 있습니다. 아이의 어머니는 아이에게 심부름을 시키며 5,000원을 주고 필요한 물건을 사 오라고 했습니다. 그런데 아이는 그 돈 중 1,000원을 몰래 빼내 빵을 사는 데 썼습니다. 그 빵은 하루 종일 한 끼도 못 먹었다는 친구에게 주었죠.

이 아이가 한 일은 옳은 일일까요, 그른 일일까요? 우리는 어떤 기준으로 '옳고 그름'을 판단하면 좋을까요? 고대와 중세 그리고 근대 초기까지 수많은 철학자들의 핵심 화두는 옳고 그름이었습니다. 무엇이 옳은지, 어떤 행동이 더 선한 것인지 등을 두고 치열하게 고민했던 것입니다.

프랑스대혁명이 일어난 1789년 영국에서 이 질문에 명료한 대답을 내놓은 사람이 나타났습니다. 바로 공리주의를 주창한 철학자이자 법학자 제러미 벤담Jeremy Bentham(1748~1832)입니다. 그는 영국의 잘못된 법 제도를 비판하며 법 기초를 연구하기 시작했습니다. 그리고 옳고 그름의 기준을 사람들의 이익과 행복에 두는 공리주의의 원리를 체계적으로 정리한 책《도덕과 입법의 원리 서설》(1789)을 출간했죠.

벤담의 공리주의는 기준이 아주 명확했습니다. 쾌락을 늘리고 고통을 줄이면 그것이 옳다는 것이었죠. 그는 인생의 목적이 쾌락에 있다고 생각했습니다. 그리고 그저 나만 잘사는 데서 그치는 것이 아니라 더 많은 사람이 함께 행복한 쾌락을 추구해야 한다고 역설합니다. 다시 말해 한 사람의 행복이 아니라 많은 사람이 행복을 느끼는 것이 중요하다고 여겼는데요, 바로 여기서 벤담의 유명한 명제인 '최대 다수의 최대 행복'이 탄생하게 됩니다. 우리는 이런 벤담의 철학을 '양적 공리주의'라 부릅니다.

그의 설명에 따르면 사람의 행동은 쾌락과 고통이 지배합니다. 올바른 행동이란 쾌락의 양을 늘리고 고통을 양을 줄이는 것이고 잘못된 행동은 그 반대죠. 특정 행위의 옳고 그름은 계산을 통해 확인할 수 있는데요, 이를 확인하기 위해 강도, 확실성, 근접성, 다산성, 지속성, 순수성, 범위 등 총 일곱 가지 기준을 제시합니다.

각각의 기준을 간단히 살펴볼까요? '강도'는 그 행동으로 인한 쾌락의 정도가 얼마나 큰지를 평가하는 것입니다. '확실성'은 그 행동이 얼마나 확실하게 쾌락을 주는지를 의미하고 '근접성'

은 쾌락을 얼마나 빨리 얻을 수 있는지를 평가하며 '다산성'은 그 쾌락이 다른 쾌락을 동반할 여지가 있는지를 평가하는 요소입니다. 또 '지속성'은 쾌락이 얼마나 지속될 수 있는지, '순수성'은 고통의 요소가 동반되지 않는지 확인하며 마지막으로 '범위'는 쾌락이 얼마나 많은 사람에게 영향을 미칠 수 있는지를 묻는 기준입니다. 벤담은 이 일곱 가지를 바탕으로 쾌락의 수준을 계산했죠.

하지만 벤담의 공리주의는 당대 사람들의 많은 비판을 받았습니다. 비판 내용은 크게 두 가지로 나뉩니다. 첫째, 개인의 기본권과 인간 존엄성 침해라는 문제입니다. 예를 들어 비행기가 어떤 섬에 추락했다고 생각해봅시다. 조난된 사람들이 모두 살려면 한 명을 섬에 버린 채로 배가 출발해야 한다고 합니다. 이 상황에서 다수의 행복을 위해 한 사람을 희생시키는 결정은 옳은 것일까요? 옳다면 과연 누구를 희생시키는 것이 옳을까요? 굳이 이런 극단적인 예가 아니더라도 다수의 이득을 위해 소수가 희생되는 일은 현실에서 자주 목격할 수 있습니다.

둘째는 쾌락의 질에 관한 문제입니다. 가령 상대적으로 저급하다고 할 수 있는 선택이 다수에 의해 이루어졌다고 생각해봅시다. 이로 인해 사회의 진보가 제약을 받을 수도 있고 다른 예

제레미 벤담 초상   존 스튜어트 밀 초상

상치 못한 부작용을 낳을 수도 있습니다. 민주주의 원칙에 따라 선거를 통해 선출된 국회의원이나 대통령 때문에 그 지역 또는 국가의 사람들이 그들의 임기 내내 고통 받는 경우를 생각하면 이해가 빠르겠네요. 벤담의 공리주의 원칙으로는 이를 제재하거나 번복할 이유도 근거도 부족합니다.

공리주의에 대한 비판이 이어지자 이를 수정·보완하려는 움직임이 나타나기 시작했습니다. 그리고 벤담의 제자이자 동료였던 존 스튜어트 밀John Stuart Mill(1806~1873)이 새로운 학설을 제시하기에 이릅니다. 밀 또한 벤담과 마찬가지로 선은 곧 쾌락이며 고통은 악이라고 생각했지만 단순히 양적으로 더 많은 쾌락이 행복이라고 보지는 않았습니다. 다음과 같이 말이죠.

> 특정한 쾌락이 다른 것보다 더 올바르고 가치 있다는 사실을 인지하는 일은 공리주의의 원칙에 매우 부합한다. 쾌락을 제외한 모든 것을 평가할 때는 질과 양을 동시에 고려하면서 쾌락을 평가할 때는 양만 따지는 것은 불합리하다.
>
> 존 스튜어트 밀, 《공리주의》

이런 입장 때문에 밀의 공리주의는 '질적 공리주의'라고 불립니다. 단순히 쾌락의 양만을 따진 벤담의 공리주의와 차별을 두기 위함이죠. 밀의 관심사는 단순히 쾌락의 양을 측정하는 데 있지 않았습니다. 그는 쾌락의 양에 대한 평가와 더불어 질, 즉 도덕적이고 바람직한 삶에 대한 평가가 함께 이루어져야 한다고 생각했죠. 또한 자유주의자로서 밀은 개인의 자유를 제한하는 모든 권력에 반대하며 다른 사람에게 피해를 주지 않는 한 모든 사람의 자유가 보장되어야 한다고 했습니다.

오늘날 공리주의를 옳고 그름이나 도덕과 법의 제1원칙으로 삼는 사람은 그리 많지 않을 것입니다. 앞서 이야기한 것처럼 공리주의는 소수자의 희생 문제, 쾌락의 질 문제 등 현실에서 적용하기 어려운 부분들이 많기 때문이죠. 그렇다면 우리는 옳고 그름의 기준을 어디에 두어야 할까요? 질문에 담겨 있는 것처럼 그저 관습을 통해 판단하게 되는 걸까요? 한 사회의 구성원으로서 다른 구성원에게 피해를 주지 않고 이득을 주는 행동이라면 관습적 기준에 따라 옳은 일이라고 할 수 있을까요? 당신의 생각은 어떤가요?

나는 '좋다'와 '나쁘다'를 어떤 기준으로 구별하나요?

저는 '옳다'와 '그르다'를 기준으로 삼는 편입니다. 어떤 일이나 행동이 옳은지 그른지 먼저 생각해보고 그 결론에 따라 좋은지 나쁜지 판단합니다. 내게 좋은 것이 옳지는 않을 수도 있고 내가 나쁘다고 생각하는 것이 무조건 그르지는 않을 수도 있으니까요. 당신에게 '좋다', '나쁘다'의 기준은 무엇인가요?

스물두 번째 인문학

행복해지기 위해
모든 노력을 기울여야 할까?

행복의 범위를 다르게 보았던 양주와 공자

●

《여자의 일생》, 〈목걸이〉 등으로 친숙한 프랑스의 대표적인 사실주의 작가 기 드 모파상Guy de Maupassant(1850~1893)은 1880년 중편소설 〈비곗덩어리〉를 발표하면서 명성을 얻기 시작했습니다. 소설의 내용은 이렇습니다. 전쟁의 여파 속에서 고위 관료와 부유한 귀족, 수녀 등이 한 마차를 타고 길을 떠납니다. 이들과 함께 마차에 탄 사람 중에는 '비곗덩어리'라 불리던 매춘부 루세도 있었죠. 루세의 정체를 알아본 사람들은 그를 은근히 깔보고 손가락질합니다. 하지만 루세는 개의치 않고 오히려 굶주림에 지친 사람들에게 자신이 가진 먹을거리를 나누어주면서 친절을 베풀죠. 게다가 그의 애국심을 증명할 만한 사연까지 알게 된 사람들은 조금씩 그에게 호감을 갖게 됩니다.

그런데 프로이센에 점령된 토트 지역을 지날 때 문제가 생깁니다. 그곳을 관리하던 프로이센 장교가 루세를 불러낸 것입니다. 사람들은 비곗덩어리에게 장교를 만나고 오라고 간청하죠.

하지만 장교를 찾아갔던 루세는 잔뜩 화가 난 채 금세 사람들에게 돌아옵니다. 사람들이 그에게 화가 난 이유를 물어도 그는 '여러분과는 관계가 없다'며 대답하지 않습니다. 사람들은 그저 상황을 짐작만 할 뿐이죠.

다음 날 아침, 토트를 떠나기 위해 마차를 타러 간 이들은 황당한 상황에 처합니다. 마차에 말이 매어져 있지도 않고 마부 역시 보이지 않았던 것입니다. 알고 보니 어제 루세를 찾았던 프로이센 장교가 그런 지시를 내렸다고 하는군요. 아무도 명확한 설명을 해주지는 않았지만 사람들의 추측은 하나로 모아집니다. 즉, 루세가 장교가 원하는 일을 해줄 때까지 장교는 이들을 보내줄 생각이 없다는 것이죠. 루세와 사람들은 어떤 선택을 해야 할까요?

이 이야기가 '행복해지기 위해 모든 노력을 기울여야 할까?'라는 질문과 무슨 상관인지 의아해하는 독자도 있을지 모르겠습니다. 그런데 이 질문에는 함정이 하나 있습니다. 바로 '모든'이라는 관형사입니다(학창 시절 '절대'나 '반드시' 같은 단어가 있으면 무조건 오답이라는 일타 강사의 조언을 들어본 적 있죠?). 우리는 과연 행복을 위해 모든 노력을 기울여야 할까요? 그렇지 않다면 노력의 범위는 어디까지일까요?

먼저 행복의 범위를 '자기 자신'으로 한정 지어 모든 노력을 기울인 예를 찾아보겠습니다. 대표적인 인물로는 초기 도가 철학의 대표적 인물인 양주_楊朱_(B.C. 395년경~B.C. 335년경)를 들 수 있겠네요. 그는 매우 다정하고 착한 성품을 가진 사람이었다고 합니다. 이웃이 거리에서 양을 잡기라도 하는 날이면 온종일 우울함을 감추지 못했다고도 하죠. 하지만 그의 성정과 달리 철학에는 이기적인 측면도 있었습니다. 그는 위아주의_爲我主義_와 경물중생_輕物重生_을 자신의 근본 사상으로 삼았다고 알려집니다. 이와 관련해 도가 경전의 하나인《열자》의 〈양주편〉에는 다음과 같은 그의 이야기가 담겨 있습니다.

옛날 사람들은 터럭 하나를 뽑으면 천하가 이로워진다고 하여도 이를 하지 않았고 천하를 다 들어 그에게 바친다 하여도 받지 않았다. 모두가 터럭 하나를 뽑지 않고 또 천하를 이롭게 하려고 하지 않는다면 천하는 안정될 것이다.

누군가는 이 문장이 양주의 주요 사상인 경물중생, 즉 생명을 중요하게 여기는 측면을 보여준다고 이야기합니다. 그 범주에는 나의 생명은 물론 다른 사람과 동물이 모두 포함됩니다. 이 관점에 따르면 털 한 올은 그저 털 한 올이 아닙니다. 그 자체로는 별 볼 일 없을지 모르지만 털 한 올 한 올이 모이고 모이면 결국 나의 몸, 나의 생명과도 긴밀하게 연결되니까요. 즉, 양주는 이 말을 통해 털 한 올조차도 가볍게 여겨서는 안 된다고 말하고 싶었다는 것이 이들의 주장입니다.

하지만 이를 양주의 또 다른 사상인 위아주의로 해석하는 경우도 있습니다. 나만 중요하게 생각한 양주의 입장을 보여주는 것으로 온 세상이 평화로워진다고 하더라도 자신의 털 한 올조차 내놓지 않겠다는 그의 이기주의적 측면이 잘 드러난 말이라는 것이죠.

반면 행복의 범위가 나를 넘어 내가 속한 집단 또는 세계 전체라고 여기는 사람들도 있었습니다. 유가 철학의 시초로 불리는 공자孔子(B.C. 551~B.C. 479)가 대표적인 인물이죠. 공자는 인仁의 덕을 강조했는데요, 인을 행하기 위해 두 가지 명제를 제시합니다. 첫째, "자기가 하고 싶지 않은 일을 남에게도 시키지 말라" 그리고 둘째는 "어진 이는 자기가 서려고 하면 남도 세워주고 자신이 어떤 목적을 이루고자 하면 남도 이루어지도록 해준다"는 명제가 그것입니다.

먼저 앞의 문장은 인을 실천하는 소극적인 면을 말합니다. 흔히 서 라고 하죠. 뒤의 문장은 인을 실천하는 적극적인 면을 말합니다. 흔히 충 이라 불리죠. 즉, 인을 실천한다는 것은 곧 남을 배려하는 것이며 우리는 이를 통해 함께 행복해질 수 있습니다. 공자는 인이 실현될 수 있는 가능성이 있는 곳이라면 그곳이 아무리 멀리 떨어진 곳이라고 하더라도 한걸음에 달려갔다고 하는데요, 행복의 범위를 세계 전체로 상정하고 모든 노력을 기울인 인물이 바로 공자였던 것입니다.

그럼 원래의 질문으로 되돌아가 보죠. 우리는 행복해지기 위해 모든 노력을 기울여야 할까요? 아니, 그전에 행복이란 무엇이며 우리가 보장받아야 할 행복의 범위는 어디까지일까요? 루세와 사람들은 어떤 선택을 했는지 〈비곗덩어리〉의 마지막 장면을 읽으며 대답을 대신할까 합니다.

누구도 그 여자를 쳐다보지도, 생각하지도 않았다. 여자는 자신을 희생시켰다가 쓸모없고 더러운 것으로 배척해버린 덕망 있는 존재들의 경멸에 집어삼켜진 듯했다. 그리고 그는 그들이 게걸스럽게 먹어치운 좋은 것들이 가득 찬 큰 바구니를 떠올렸다. 분노를 참으려고 안간힘을 썼지만 눈꺼풀이 부풀어 오르고 무거운 두 개의 눈물방울이 천천히 뺨을 타

고 흘렀다. (…) 르와조 부인은 그럴 줄 알았다는 듯 소곤거

렸다.

"부끄러운 짓을 해서 우는 게야."

두 수녀는 먹던 소시지를 포장지에 말아놓고 다시 한 번 기

도를 시작했다.

사회가 발전하면 나도 더 행복해질까요?

아리스토텔레스는 '인간은 사회적 동물이다'라고 했습니다. 여러 의미로 해석할 수 있겠지만 그중 하나는 인간이 사회를 떠나서는 살 수 없고 사회 안에서도 혼자서는 살 수 없다는 뜻일 것입니다. 그렇다면 내 삶의 토대가 되는 사회가 발전하면 나 역시 어느 정도는 더 행복해질 수 있지 않을까요? 설사 지금 당장 내게 어떤 도움이 되는 발전은 아니더라도 우리의 아이들, 또 후대의 많은 사람들에게는 좋은 일일 수도 있고요. 당신은 어떻게 생각하나요?

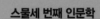

스물세 번째 인문학

폭력은 어떤 상황에도
정당화될 수 없는 것일까?

사고를 허용하지 않는 악의 평범성

•

'사랑의 매'라는 말을 한 번쯤 들어본 적이 있을 것입니다. 가정에서나 학교에서 훈육을 이유로 체벌을 할 때 흔히 써왔던 표현이죠. 그런데 최근 부모에 의한 아동학대 사건이 잇따라 발생하면서 법무부는 아동의 인권보호를 위한 체벌금지 법제화를 추진하고 있다고 밝힌 바 있습니다. 부모의 징계권을 인정하는 것이 아동의 상황을 악화하고 있다는 지적에 따른 것인데요, 법무부가 개정하고자 하는 법은 민법 제915조로 '친권자는 그 자를 보호 또는 교양하기 위하여 필요한 징계를 할 수 있다'는 내용을 담고 있습니다.

사실 우리는 어릴 때부터 '폭력=나쁜 것'이라고 배우며 자라왔습니다. 비폭력주의를 설파하며 인도의 독립을 이끈 마하트마 간디Mahatma Gandhi(1869~1948)야말로 우리가 본받아야 할 이론가이자 실천가라는 이야기가 교과서 곳곳에 실려 있었죠. 그렇다면 사회적으로 '사랑의 매'가 용인되어온 이유는 그것이 폭력이 아니기 때문일까요, 폭력이지만 정당화되었던 것일까요?

이 질문에 답하려면 먼저 도대체 '폭력'이 무엇인지부터 규정할 필요가 있어 보입니다. 폭력만큼 사람마다 이해의 폭과 내용이 다른 단어도 많지 않기 때문이죠. 폭력은 사전적으로 '남을 거칠고 사납게 제압할 때 쓰이는 주먹이나 발, 몽둥이 따위의 수단이나 힘'을 의미합니다. 하지만 사실 우리가 생각하는 폭력의 범위는 이보다 훨씬 더 넓습니다. 이를테면 1년에 두 번 일가친척이 모두 모이는 명절을 떠올려봅시다. 친척 어르신 중 누군가 우리에게 "이제 나이도 다 찼는데 결혼 생각도 좀 해야 하지 않겠니? 애인은 있고? 돈은 좀 모아놨니?"라고 물으며 미래 계획을 종용하는 건 폭력적인 행위일까요, 아닐까요? 아이가 반찬 투정을 했다는 이유로 하루 종일 밥을 주지 않는 건 어떤가요? 가정에서 유일하게 경제권을 갖고 있는 남편이 아내가 살림을 꼼꼼히 하지 않는다며 갑자기 생활비를 끊어버린다면 어떨까요? 과연 우리는 이런 행동을 주먹이나 발, 몽둥이 따위를 쓰지 않았다는 이유로 '폭력이 아니다'라고 말할 수 있을까요?

이쯤 되면 '그래, 폭력은 안 돼. 그게 물리적이든 심리적이든 관계없이 나쁜 건 나쁜 거야!' 하고 생각하는 사람이 많지 않을까 싶습니다. 그럼 이런 경우를 한번 생각해보죠. 팔레스타인 점령지에 탱크와 전투기를 몰고 들어가 민중을 살해하는 이스라

엘군과 수류탄을 온몸에 감고 탱크 앞에서 자폭을 시도하는 팔레스타인 저항군을 동일선상에 두고 이야기할 수 있을까요? 식민지화 과정에서 우리 민족에게 가해진 일본의 폭력과 안중근 의사의 이토 히로부미 암살 시도를 '같은 폭력'이라고 말할 수 있을까요?

우리는 '폭력'과 '힘의 사용'을 달리 생각할 필요가 있습니다. 큰 불이 나서 소방차가 진입하던 중 불법 주차된 차를 강제로 밀고 간다면? 이것은 아마도 폭력이라기보다는 힘의 사용이라고 말해야 할 것입니다. 반면 경찰이 비무장·비저항 상태의 용의자를 그가 단지 흑인이라는 이유로 과잉 진압하는 과정에서 무릎으로 목을 눌러 질식사시켰다면? 정당한 힘의 사용이라기보다는 부당한 폭력에 해당한다고 이야기하는 편이 옳겠죠.

이제 폭력에 대한 정의가 조금은 명확해졌나요? 우리는 단순히 물리적 방식만이 아니라 심리적 방식을 포함한 다양한 형태의 폭력이 존재함을 이해합니다. 하지만 물리적 힘 또는 심리적 위해를 가하는 것이 반드시 폭력에 해당하는 것은 아닙니다. 정당한 이유와 근거에 의해 적정 수준의 힘이 가해진다면 이는 폭력보다는 힘의 사용에 가깝다고 볼 수 있습니다.

그런데 폭력은 왜 행해지는 걸까요? 현대를 대표하는 독일 정

1961년 예루살렘에서 재판받는 아돌프 아이히만

치철학자 한나 아렌트Hannah Arendt(1906~1975)는 나치의 유대인 학살을 지휘했던 아돌프 아이히만Adolf Eichmann(1906~1962)의 재판을 취재한 뒤 '악의 평범성banality of evil'이라는 개념을 이끌어냈습니다. 아렌트가 보기에 아이히만은 괴물이나 인격장애가 있는 사람이 아니라 정신이 지극히 평범한 사람이었습니다. 단지 주어진 명령에 따라 직무를 성실히 수행한 사람이었죠. 아이히만 역시 자신은 국가의 명령에 거부할 수 없었을 뿐이라고 주장했습니다. 어떤 악마적 동기나 의도 없이 악마적 행위를 저질렀다는 것입니다. 아렌트는《예루살렘의 아이히만》에서 이 재판에 관해 기록하며 "말과 사고를 허용하지 않는 악의 평범성"이라는 두려운 교훈을 얻었다고 쓰고 있습니다. "다른 사람의 처지를 생각할 줄 모르는 생각의 무능은 말하기의 무능을 낳고 행동의 무능을 낳는"데 아이히만은 이 세 가지 모두에서 무능했다는 것입니다.

이제 마지막으로 다음에 소개할 사례에 대해 당신은 어떻게 생각하는지 의견을 들어보고 싶습니다.

1867년 어느 날, 당시 영국 식민지였던 호주에서 선원 네 명이 탄 미그노넷호가 영국을 향해 출항했습니다. 먼 길을 항해하던 배는 불운하게도 거친 풍랑을 만나게 되었고 결국 남아프리카 연안에서 침몰해버렸죠. 선원들은 황급히 구명정을 타고 배를 탈출해 대서양을 떠돌기 시작했습니다. 하루, 이틀, 사흘, 나흘⋯ 기약 없이 바다를 떠돌던 선원들은 더 이상 배고픔과 갈증을 견디기 어려운 상태에 이르렀습니다. 결국 그들 중 가장 어린 풋내기 선원이 바닷물을 마셨다가 병에 걸리고 말았습니다. 이를 지켜본 선원 한 명이 "어차피 이 친구는 병에 걸린 데다 가족도 없으니 늦기 전에 그를 죽여 식량으로 삼자"고 주장했죠. 설왕설래가 이어졌지만 결국 그들은 병든 선원을 죽여 그 살과

피를 먹고 목숨을 부지했습니다. 그리고 일주일 뒤 세 사람은 지나가던 배에 구조되어 영국에 도착할 수 있었습니다.

자, 이런 상황이라면 당신은 세 사람의 행동을 어떻게 규정할 건가요? 정당한 힘의 사용? 폭력이나 살해 행위? 이들의 행위는 과연 정당화될 수 있는 걸까요?

두려움을 극복하는 나만의 비법은 무엇인가요?

두려움의 정체를 파악하는 것입니다. 저는 두려움이 생기면 곰곰이 생각하는 시간을 갖습니다. 왜 두려운가, 옳은 두려움인가, 어떻게 극복해야 하는가 등을요. 동시에 그 두려움을 이겨내야만 하는 동기를 찾으려고 노력합니다. 그 이유가 나와 내 주변 사람들에게 부끄럽지 않기 위해서라면 저는 반드시 두려움을 이겨낼 것이기 때문입니다. 당신의 비법은 무엇인가요?

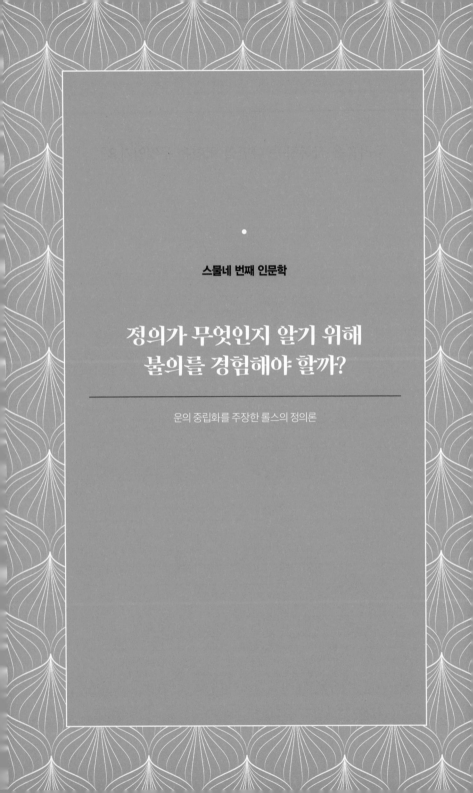

스물네 번째 인문학

정의가 무엇인지 알기 위해
불의를 경험해야 할까?

운의 중립화를 주장한 롤스의 정의론

·

우리가 알고 있는 개념 중에는 의외로 상대적인 것들이 많습니다. 선과 악 같은 윤리적 개념부터 높고 낮음이나 넓고 좁음 같은 물리적 개념, 부유함과 가난함 같은 경제적 개념까지 다양합니다. 상대적인 개념을 이해하는 가장 쉬운 방법은 아마도 반대 개념을 경험하는 것일 겁니다. 2~3층짜리 건물을 보며 아무리 높다고 외쳐봐야 100층 넘는 롯데타워를 보지 못했다면 진정한 '높음'을 이해하지 못할 것이고 바다를 보지 못한 사람이 아무리 연못의 '넓음'을 이야기해도 그 말은 우물 안 개구리처럼 설득력이 없을 테니 말이죠.

그러니 지금 우리에게 주어진 질문의 답을 확인하기 위해 우리는 먼저 정의라는 개념이 상대적인지 고민해볼 필요가 있습니다. 정의는 상대적인 개념일까요, 절대적인 개념일까요?

우선 정의의 정의定義부터 살펴볼까요. 정의의 의미는 정의라는 단어가 쓰인 역사만큼이나 다양합니다. 고대 그리스 철학자 소크라테스는 '인간의 선한 본성'을 정의라 일컬었고 아리스토텔레스는 정의의 본질을 '평등'에 두었죠. '도덕적 가치는 결과가 아닌 동기에 있다'고 본 임마누엘 칸트Immanuel Kant(1724~1804)도 정의의 개념을 깊이 고민한 철학자였습니다.

그중에서도 제1·2차세계대전 이후 현대 철학사에서 정의를 가장 깊게 파고든 인물 한 명을 고르자면 이 사람이 아닐까 싶습니다. 바로 미국 전 대통령 빌 클린턴Bill Clinton이 20세기 가장 위대한 정치철학자라고 찬사를 보낸 존 롤스John Rawls(1921~2002)가 그 주인공입니다. 롤스는 우리에게 《정의란 무엇인가》라는 책으로 잘 알려진 마이클 샌델Michael Sandel(1953~)의 스승이기도 한데요, 그는 1971년 출간한 자신의 저서 《정의론》에서 정의의 원칙을 '평등한 최초의 입장에서의 합의 대상'으로 제시합니다.

롤스의 정의론을 쉽게 이해하기 위해 하나의 예를 들어보겠습니다. 몇 해 전 국내의 한 공공기관에서 신규 채용을 실시했습니다. 경쟁률은 약 40대 1로 역대 최고에 가까웠고 언론의 관심도 상당했죠. 모집군에는 마케터, 에디터, 통계 전문가, 통·번역가 등 다양한 직군이 포함됐는데요, 그 결과가 매우 놀라웠습니다. 선발 인원 전원이 여성이었으며 명문대 출신이 아닌 경우도 3분의 2에 달했던 것입니다. 남성 SKY(서울대, 고려대, 연세대) 출신 합격자 비율이 60~70퍼센트를 상회하던 기존의 결과와 크게 차이가 났습니다.

비슷한 사례는 또 있습니다. 지금으로부터 40년 전인 1980년 뮌헨 필하모니 관현악단의 오디션이 열렸습니다. 이날 응시자 중에는 앞서 열 번 가까이 오디션에 도전했지만 탈락한 트롬본 연주자 아비 코난트Abbie Conant도 있었습니다. 그는 당시 보기 드문 여성 트롬본 연주자였는데요, 트롬본은 남자가 더 잘 연주한다는 막연한 편견이 존재했던 탓에 제대로 된 평가조차 받지 못하고 오디션장을 떠나야 했던 경험이 비일비재했죠. 어쨌거나 오디션 연주가 시작되었고 '이번에도'라는 걱정은 이내 사라졌습니다. 연주가 끝나자마자 심사위원 전원의 만장일치로 합격이 결정된 것입니다.

두 채용 과정의 공통점은 과연 무엇이었을까요? 바로 '블라인드 오디션' 방식을 통해 합격자를 선발했다는 것이었습니다. 블라인드 오디션이란 학력과 출생지, 나이, 가족 관계 등을 묻지 않는 채용 방식을 말하는데요, 기존의 편견에서 벗어나 오로지 능력과 전문성만으로 인재를 뽑겠다는 시도의 일환이라고 볼 수 있습니다. 만약 블라인드 오디션이 아니었어도 이들이 같은 결과를 얻을 수 있었을까요?

롤스는 이처럼 공정한 결과를 얻기 위한 핵심 요소로 '운의 중립화'를 말합니다. 운의 중립화란 삶의 출발선상에 존재하는 불평등을 규제하는 것을 의미합니다. 출신 지역, 성별, 빈부 격차 등 자신의 의도와 관계없이 우연하게 주어진 조건을 배제하고 경쟁할 수 있도록 도와주어야 한다는 것이죠.

그렇다면 어떻게 '운의 중립 상태'를 만들 수 있을까요? 롤스는 그 조건으로 무지無知 상태를 언급합니다. 누군가에게 의도적으로 운이 돌아가게 할 수 있는 요소를 모르도록 해야 한다는 것이죠. 또 이를 실현하기 위한 수단으로 '무지의 장막'을 고안했습니다. 무지의 장막이란 블라인드 오디션과 유사한 구조로 학력이나 성별 등을 배제하고 평가해 실력 있는 인재를 선발한 것처럼 자유롭고 합리적인 사람들이 무지의 장막을 치고 평등한 조건에서 토론해 정의의 원칙에 걸맞은 합의를 이끌어내자는 것이었습니다. 즉, 그는 정의가 철학적 진리나 종교적 신념이 아닌 사회적 합의를 통해 이루어질 수 있다고 보았던 것입니다.

롤스는 이렇게 만들어진 합의는 어느 쪽에도 치우치지 않는 평등하고 공정할 것이라고 확신했습니다. 하지만 이 합의가 무조건적으로 모두에게 공평해야 한다는 내용을 담고 있지는 않을 것이라고 보았는데요, 이는 여러 조건을 배제하더라도 동일한 출발선에서 시작하지 못하는 소수자들이 사회 곳곳에 존재할 수밖에 없다고 생각했기 때문이었죠. 다시 말해 그는 이런 소수자들을 배려하는 것이 정의의 원칙에 좀 더 부합하는 일이라고 생각했습니다.

롤스는 이 과정을 거쳐 결정될 두 가지 가상 합의안을 발표했습니다. 첫 번째는 '평등한 자유의 원칙'으로 인간의 기본권에 해당하는 자유의 보장을 요구하는 내용입니다. 사상의 자유와 양심의 자유, 선거의 자유, 언론 및 집회의 자유 등이 여기에 해당하죠. 두 번째는 '차등의 원칙과 기회균등의 원칙'이라 불리는 내용으로 소수자를 위한 원칙입니다. 사회적·경제적 불평등을 고려해 기회가 부여되어야 한다는 것이 핵심이죠.

그럼 다시 우리에게 주어진 질문으로 되돌아가 보겠습니다. 정의는 우리가 불의를 경험해야만 알 수 있는 것일까요? 만약 우리가 불의를 겪어보지 못했다면 우리의 이성적 사고 능력만으로 롤스가 말한 것과 같은 가상 합의안을 도출해낼 수 있었을까요?

롤스는 어린 시절 자신이 옮긴 전염병 때문에 형제들이 사망하는 비극을 겪었다고 알려집니다. 롤스의 전기《존 롤스: 그의 삶과 정의론 John Rawls: His Life and Theory of Justice》을 쓴 토마스 포기 Thomas Pogge 박사는 이것이 그의 어린 시절 중 가장 중요한 사건이며 이때 마주한 미국 사회의 빈곤과 형제들의 죽음이 그를 불평등 문제에 천착하게 했다고 이야기하죠. 롤스가 만약 이런 비극을 경험하지 않았다면 그리고 세계대전의 참상을 마주하지 못했다면 그의《정의론》은 세상 밖으로 나오지 못했을까요? 당신은 어떻게 생각하나요?

새로운 직업을 갖는다면 어떤 직업을 갖고 싶나요?

저는 정치인이 되어보고 싶다는 생각을 합니다. 앞서 소개된 니체의 《차라투스트라는 이렇게 말했다》를 읽으면서 위버멘쉬에 관해 깊이 생각해본 적이 있습니다. 지금의 사회를 뛰어넘어 앞으로 태어날 많은 아이들이 좀 더 인간적이고 윤택한 삶을 살 수 있는 사회를 만드는 것, 이 것이 우리가 존재하는 목적이자 위버멘쉬가 되는 길 아닐까요? 정치인은 사회의 정의를 실현하는 데 중요한 역할을 하는 사람이니 거기에 조금이나마 저의 힘을 보태고 싶습니다. 당신은 어떤 직업을 갖고 싶나요?

스물다섯 번째 인문학

욕망은
무한한 것일까?

고통에서 벗어나기 위한 쇼펜하우어의 윤리적 해탈

•

　　그리스신화에 나오는 리디아의 왕 탄탈로스는 신들의 총애를 받다가 오만에 빠져 천기를 누설하고 다닌 죄로 저승 타르타로스에서 '죽음보다 더 혹독한 운명'을 형벌로 부여받습니다. 영원히 채워질 수 없는 갈증과 만족을 모르는 허기가 그것이었는데요, 탄탈로스가 물을 마시려고 하면 물이 뒤로 물러났고 손이 닿는 곳에 있던 과일을 따 먹으려고 하면 과일들이 멀리 뒤쪽으로 달아났죠. 코앞에 있는 물과 과일을 영원히 마실 수도 먹을 수도 없었던 것입니다.

　탄탈로스를 죽음보다 더 혹독한 운명에 처하게 한 것, 그것은 바로 욕망입니다. 욕망은 인간을 정의하는 대표적인 단어이자 인간이란 존재의 가능성과 불완전성을 모두 표현하는 단어이기도 합니다. 우리는 태어나서 지금까지 늘 욕망하며 살아왔습니다. 먹을 것을 욕망했고 부모와 연인의 사랑을 욕망했죠. 인간의 욕망은 정말 죽기 전까지 그치지 않는 것일까요? 아니, 탄탈로스처럼 죽어서도 욕망에 시달려야 하는 것일까요?

이 질문에 답하기 위해 염세주의로 잘 알려진 19세기 독일 철학자 아르투어 쇼펜하우어_{Arthur Schopenhauer}(1788~1860)의 사유를 살펴보는 시간을 가져볼까 합니다.

쇼펜하우어는 인간의 본질이 '의지'에 있다고 본 철학자입니다. 여기서 의지란 충동과 욕망 등을 의미하는 말인데요, 인간이 이성과 합리적 사고를 바탕으로 움직인다는 기존의 사상과는 배치되는 이야기였죠. 그는 우리의 세계가 이성보다는 비합리적이고 맹목적인 의지에 의해 움직인다고 주장했습니다. 심지어 우리의 몸도 객관화된 의지에 불과하다고 생각했죠. 쇼펜하우어는 의지를 '볼 수는 있으나 몸이 불구인 사람을 어깨에 짊어지고 가는 힘센 장님'과 같다고 묘사합니다. 어깨에 짊어진 사람, 즉 이성이 지시하면 장님인 의지는 힘껏 달려나갑니다. 다시 말해 이성은 방향을 제시해주는 역할을 할 뿐 실질적인 행동과 추진은 의지의 몫이라는 것입니다.

그런데 욕망은 왜 끊임없이 생길까요? 바로 의지의 무한함과 충족의 불완전성에서 나오는 괴리 때문입니다. 쇼펜하우어에 따르면 욕망은 늘 충족되기 어렵습니다. 충족되었다고 하더라도 얼마 지나지 않아 새로운 욕망이 생겨나죠. 고통 또한 마찬가지입니다. 간신히 벗어났다 싶으면 또다시 새로운 고통을 마주하게 될 뿐입니다. 쾌락이나 행복은 고통이 없어졌을 때 잠시 찾아오는 것에 불과하죠. 따라서 그에게 인생은 고통이며 이 세계는 최악입니다.

그렇다면 우리가 욕망으로부터 벗어날 방법은 없는 걸까요? 쇼펜하우어에 따르면 고통을 해소하기 위해 우리가 일반적으로 취하는 방법은 크게 효과가 없습니다. 먼저 고통을 인식하고자 하는 노력은 오히려 고통을 늘리는 결과를 낳을 뿐입니다. 식물보다는 동물이, 하등동물보다는 고등동물이 고통을 더 많이 인식하는 것을 생각해보면 그 이치를 알 수 있죠. 자살 역시 마찬가지입니다. 자살로도 의지 자체를 없앨 수는 없기 때문입니다. 그는 환생 사상에 입각해 자살이 근본적인 해결책이 되지는 못한다고 보았습니다.

대신 쇼펜하우어는 크게 두 가지 대안을 제시합니다. 첫째, 심미적 해탈입니다. 심미적 해탈이란 천재적인 예술가들의 작품 속에서 누릴 수 있는 황홀감을 말합니다. 이런 경험을 통해 우리는 잠시나마 삶의 고통에서 해방될 수 있습니다. 하지만 이는 임시적인 해결책에 불과합니다. 우리가 온종일 천재 작가의 명화나 아름다운 영화, 소설만 감상하며 살 수는 없는 노릇이기 때문이죠.

따라서 그는 또 다른 대안으로 '윤리적 해탈'을 제시합니다. 윤리적 해탈이란 고통의 원인인 의지 자체를 억제함으로써 누리는 영속적인 해탈의 경지를 의미합니다. 그는 인간이 삶의 고통에서 벗어나기 위해서는 충동과 욕구를 거스르는 철저한 금욕 생활을 해야 한다고 강조합니다. 그렇게 할 때만 우리는 무아경이나 황홀경의 상태로 들어갈 수 있다고 말입니다.

쇼펜하우어의 독특한 철학 체계는 당시 유럽에 소개되기 시작한 인도 철학에서 기인한 것으로 보입니다. 그의 서재에는 칸트의 상반신 초상화와 청동 불상이 놓여 있었다고 하는데요, 이 두 사상에 대한 단순한 관심을 넘어 실제 자신의 철학에도 상당 부분을 이식했다고 알려집니다. 모든 철학의 근원은 그리스 철학이 아닌 인도 철학에 있다고 말하는가 하면 인도 철학연구가 일생 동안의 위안이었다고 하기도 했다는군요.

이제 처음의 질문으로 되돌아가 보죠. 인간의 욕망은 과연 무한한 것일까요? 만약 그렇다면 쇼펜하우어의 윤리적 해탈이 진정한 대안이 될 수 있을까요? 당신의 생각은 어떤가요?

돈, 명예, 건강 중 하나만 고른다면 무엇을 고를 건가요?

셋 다 고를 순 없나요? 쇼펜하우어는 죽음으로도 욕망을 끊을 수 없다고 했는데…. 꼭 셋 중 하나만 골라야 한다면 건강을 고를 것 같습니다. 저는 오래 살고 싶고 그러면서 사랑하는 사람들과 함께 소중한 추억, 행복한 시간을 많이 만들어 오래도록 간직하고 싶습니다. 그러려면 꼭 건강해야겠죠. 당신은 무엇을 고를 건가요?

선과 악은 함께
존재할 수 있을까?

선한 것과 덜 선한 것만이 존재한다고 본 아우구스티누스

19세기 영국 소설가 로버트 스티븐슨(Robert Stevenson)(1850~1894)의 소설《지킬 박사와 하이드》는 인간 본성에 관한 일종의 실험을 소재로 하고 있습니다. 주인공인 헨리 지킬 박사는 인간의 몸에 선과 악이라는 두 가지 본성이 존재한다는 가설을 세우는데요, 이 두 본성이 "계속 투쟁해야 한다는 것이야말로 인류의 재앙"이라 가정하고 여러 번의 실험 끝에 자신의 인격을 둘로 나누는 데 성공합니다.

이 작품에서 선은 쾌활함과 이타심, 근면, 절제 등으로 표현됩니다. 반면 악은 극단적인 쾌락 추구와 타락, 오만함 등으로 나타나죠. 그런데 조금 이상하다는 생각이 듭니다. 이런 여러 감정과 행위를 절대적인 선이나 악이라고 볼 수 있을까요? 가령 선에 해당하는 쾌활함은 상황에 따라 긍정적인 행위로 느껴지기도, 부정적인 행위로 해석되기도 합니다. 장례식장에 조문을 간 사람이 상주를 만나 쾌활하게 인사한다면? 모르긴 몰라도 최소한 선한 행동으로 비치진 않을 것입니다. 또 어떤 행동까지 해야 극단적으로 보이는지, 어떤 행동을 이타적이라고 볼 수 있는지도 사람마다 기준이 다를 수밖에 없죠.

소설이 아닌 현실에서도 선과 악의 문제에 천착한 사람들은 많았습니다. 중세 초기 신학자이자 철학자인 성 아우렐리우스 아우구스티누스Sanctus Aurelius Augustinus(354~430)가 대표적 인물입니다. 아우구스티누스는 다양한 현실 문제 중 특히 악의 문제에 깊은 관심을 가졌습니다. 사실 악에 관한 문제는 그 이전부터 기독교 교리를 연구하는 이들이 꾸준히 고민해온 문제였습니다. 성경에 따르면 분명 신, 즉 하나님은 선하고 전능한 분인데 그런 신이 만든 이 세상은 고통, 절망, 죄악 등 수많은 악으로 가득 차 있으니 말이죠. 이전의 연구자들도 이 문제를 해결하지 못한 것은 물론 타 종교가 기독교를 비판하는 주요 논거가 되기도 했습니다.

그런데 이 문제에 대해 아우구스티누스는 간단하고 명쾌한 대답을 내놓습니다. 바로 "악이란 그 자체로 존재하는 것이 아니고 단지 무언가의 부족이나 결함으로 생겨난다"는 것이었죠. 그에 따르면 신이 만든 이 세상에서는 무엇도 악하지 않습니다. 심지어 남의 것을 훔치거나 누군가를 때리는 일도 선한 행동이죠. 하지만 이 행동들은 그 행위를 하는 사람에게만 선할 뿐입니다. 말하자면 '작은 선'에 해당하는 것입니다. 반면 이런 행위를 하지 않아야겠다고 결심하고 이를 실천한다면 그 사람은 더욱 선한 일을 한다고 볼 수 있습니다. 왜냐하면 그것이 다른 사람에게도 선을 주기 때문이죠.

그렇다면 신은 도대체 왜 이 같은 결함이 생길 수밖에 없는 구조를 만들었을까요? 다시 말해 굳이 신은 왜 인간이 '덜 선한' 행동을 할 수 있게 했느냐는 것입니다. 이에 대해 아우구스티누스는 '인간에게 이성이 있기 때문'이라고 대답합니다. 그는 신이 인간을 이성적인 존재로 만들기 위해 자유의지를 부여했다고 해석합니다. 자유의지를 지닌다는 말은 다시 말해 인간이 스스로 선한 행동과 그렇지 못한(혹은 덜 선한) 행동을 선택할 수 있다는 뜻입니다. 지식의 나무에서 과일을 따 먹지 말라는 신의 뜻을 따르지 않은 아담과 이브가 대표적인 예죠. 아우구스티누스는 "아담을 신의 명령에 복종할 수 있게 한 것(자유의지)은 또한 그에게 죄를 지을 수 있게 했다"고 말합니다. 또 그는 인류의 조상인 아담이 저지른 죄로 말미암아 우리는 모두 그 죄에서 벗어나지 못하고 작은 선을 택할 수밖에 없다고 했습니다. 더 큰 선으로 나아가기 위한 방법은 오직 신에 대한 믿음과 은총뿐이라고 말이죠.

사실 이처럼 신을 전제하고 선과 악의 근원과 구분을 이야기하는 방식이 누군가에게는 낯설고 비합리적으로 느껴질 수도 있습니다. 신이 존재한다고 생각하는 것이 당연했던 중세와 달리 현대를 살아가는 우리는 신의 존재 유무와 그 영향의 범위 등을 선택해 믿을 수 있는 입장이니 말입니다. 게다가 '악은 존재하지 않는다'는 아우구스티누스의 주장은 살아가며 수많은 악행을 마주하는 우리의 일반적인 감성과 배치되는 면도 분명 있는 것이 사실입니다.

당신은 질문에 어떤 답을 내놓고 싶은가요? 아우구스티누스처럼 세상에는 선과 악이 아닌 '더 선한 것'과 '덜 선한 것'이 존재한다고 생각하나요, 아니면 지킬 박사처럼 선과 악은 끊임없이 충돌하고 우리는 이로 인해 투쟁하는 삶을 살아가게 된다고 생각하나요?

내가 생각하는 보람 있는 삶은 무엇인가요?

저는 제가 이루고자 한 바를 이루었을 때 보람을 느낍니다. 만약 그 일이 그저 저만을 위한 것이 아니라 '우리'를 위한 것이 되었을 때 그 보람은 배가 되는 것 같고요. 누군가의 행복에 기여할 수 있는 삶이라면 충분히 보람 있는 삶이라고 생각합니다. 아우구스티누스의 논리대로라면 '더 선한' 삶이겠죠. 당신이 생각하는 보람 있는 삶은 무엇인가요?

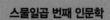

스물일곱 번째 인문학

무엇을 '비인간적인 행위'라고 정의할 수 있을까?

'너의 준칙이 보편적 법칙이 되게 하라' 칸트의 정언명법

·

네 부모를 공경하라.

사람을 죽이지 말라.

간음하지 말라.

도둑질하지 말라.

거짓 증언을 하지 말라.

이웃의 재물을 탐내지 말라.

　서양의 문화와 사상에 지대한 영향을 미친 종교인 기독교의 십계명 중 일부입니다. 십계명의 원칙들은 아주 명료하고 당연하게 느껴집니다. 누군가에게 해를 입히지 않아야 하고 가까운 사람을 존중하고 공경하라는 메시지가 담겨 있기 때문이죠. 하지만 우리가 살아가며 마주하는 상황이 늘 이렇게 명료하기만 한 것은 결코 아닙니다. 예를 들어볼까요. 고통에 몸부림치는 환자의 안락사를 돕는 행동을 우리는 '살인'이라고 말할 수 있을까요? 헤어지고 싶어 하는 상대에게 간을 이식해주려는 연인을 우리는 말려야 할까요, 아니면 모른 척 놔둬야 할까요? 이 질문들은 결국 무엇이 인간적인 혹은 비인간적인 행위인지에 대한 물음을 넘어 철학이 오랫동안 천착해온 '선이란 무엇인가'라는 본질적 물음과 연결됩니다.

철학적 의미의 선은 '좋음'을 뜻합니다. 기쁨을 가져다주거나 행복해지게 하는 것을 말하죠. 고대와 중세 그리고 근대 초기까지의 철학자들은 우리를 항구적으로 행복하게 해주는 원리를 찾고자 했습니다. 영원한 진리나 신적인 것, 올바른 이성이나 의지의 사용 등이 그중 하나였죠. 철학자들은 선의 본질을 찾아낸다면 그것이 마르지 않는 기쁨의 샘이 되어 행복한 삶을 보장해줄 것이라고 믿었습니다.

고대 윤리학이 선을 통해 추구한 대상은 행복한 삶뿐만이 아니었습니다. 궁극적으로는 이상적인 삶을 살아가는 방도이자 이상적인 인간의 길을 추구했죠. 다시 말해 이들에게 '행복한 삶이란 무엇인가'라는 물음은 '이상적인 인간이란 무엇인가', '이상적인 삶이란 무엇인가'라는 물음과 맞닿아 있었던 겁니다. 이때 법이나 도덕법칙은 선이 가리키는 이상적인 삶을 실현하기 위한 방법, 이상적인 인간이 되기 위한 규칙을 의미합니다. 우리가 선을 어떻게 정의하느냐에 따라 달라지는 셈이죠.

그런데 선과 법의 위치를 완전히 뒤바꾸는 사람이 나타납니다. 서양철학의 판도를 뿌리부터 뒤흔든 인물 칸트가 그 주인공입니다. 칸트는 법을 사회 구성원이 합의할 수 있는 최소한의 보편적 규칙으로 상정했습니다. 그리고 그 규칙에 부합하는 행동은 '선하다', '좋다', '착하다'고 일컬었으며 규칙에 어긋나는 행동은 '악하다', '나쁘다', '죄다'라고 이야기했죠.

칸트는 왜 선과 법의 관계를 바꿔놓았을까요? 이를 알아보기 위해서는 당시 시대적 상황을 확인할 필요가 있습니다. 칸트의 시대, 즉 근대는 도시를 주요 배경으로 합니다. 도시는 출신과 환경, 종교적 신념이 다른 사람들이 끊임없이 이합집산을 이루는 장소죠. 이런 상황에서 사람들끼리 이상적인 인간이 무엇인지, 최선의 삶이 무엇인지 합의하기란 결코 쉽지 않습니다. 그리고 이들이 평화롭게 함께 살아가는 길은 규칙을 줄이는 것일 수밖에 없었습니다. 구성원들이 사이좋게 살기 위해 요구되는 최소한의 규칙을 정하는 것, 그렇게 정해진 규칙을 무조건 따르게끔 하는 것이 평화를 유지하는 길이었죠. 법 중심의 윤리학은 이런 시대적 요구가 만들어낸 결과물이었던 것입니다.

칸트는 도덕법칙은 언제나 보편성과 필연성을 지녀야 한다고 보았습니다. 그리고 그렇게 보편성과 필연성을 지니는 도덕법칙을 정언명법定言命法이라 명명했죠. 이는 행위의 결과에 구애됨 없이 행위 자체가 선이기 때문에 무조건 수행이 요구되는 도덕적 명령을 뜻합니다. 칸트는 이를 "너의 준칙이 보편적 법칙이 되도록 행위하라"고 표현했습니다.

도덕적 판단의 원리가 정언명법이라면 그 명법이 요구하는 행위는 '의무'에 해당합니다. 의무는 도덕적 판단의 마지막 귀결로서 도덕적 행위를 뜻합니다. 이때 행위는 1차적으로 도덕법칙에 부합해야 합니다. 또 도덕법칙에 대한 존경이라는 주관적 조건을 함께 지녀야 하죠. 다시 말해 그저 행위만 만족하는 경우는 '합법적 행위'에 불과하며 이 행위에 존경심과 존중을 함께 지니고 있어야 진정으로 도덕적인 행위라고 할 수 있는 것입니다.

그럼 다시 질문으로 돌아가 보죠. '비인간적인 행위'란 무엇일까요? 칸트의 관점에 따르면 우리는 어떤 행위가 합법적인 동시에 스스로 그 행위에 대한 선한 의도를 지니고 있어야만 이를 인간적인 행위라고 말할 수 있을 것입니다. 그리고 둘 중 하나, 즉 합법성과 선한 의도 중 어느 하나가 빠지면 이는 비인간적인 행위라고 할 수 있겠죠. 이 관점에 동의하나요? 만약 그렇다면 혹은 그렇지 않다면 그 이유는 무엇인가요?

실패 가능성이 1퍼센트도 없다면 무엇을 하고 싶나요?

너무 많아서 대답하기 어려운 질문이네요. 조금 추상적일지 모르지만, 딱 하나만 정해야 한다면 이 세상 모든 사람이 조금이나마 더 행복해질 수 있는 일을 하고 싶습니다. 이것이 제게는 일종의 정언명법 같은 것일지도 모르겠습니다. 그 자체가 선이기 때문에 반드시 수행해야 하는 행위 말이죠. 당신은 어떤 일을 하고 싶나요?

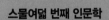

스물여덟 번째 인문학

일시적이고 순간적인 것에도
가치가 존재할까?

완전 불변한 본질에 가치를 둔 플라톤의 이데아론

●

술자리를 좋아하나요? 술자리 하면 회식부터 생각나 몸서리치는 분도 있을지 모르겠습니다. 저는 술자리에서 사람들과 얼굴을 마주하고 나누는 대화를 좋아하는 편인데요(술보다는 안주를 좋아하고 안주보다는 대화를 좋아합니다), 다음 날 눈을 떴을 때 숙취가 몰려오면 조금 덜 마실 걸 하는 후회가 들기도 하고 그 시간에 술 마시는 게 아닌 다른 유익한 일을 했으면 어땠을까 하는 생각이 들기도 합니다. 하지만 이렇게 후회할지언정 지나간 그 시간이 허무하게 느껴지지는 않습니다. 그 자리에 함께한 사람들과 나눈 이야기들이 제게는 충분히 가치 있었거든요.

그런데 우리는 무언가가 '가치 있다'고 말할 때 그것이 오래 지속되는(또는 지속되어온) 것임을 전제하고는 합니다. 처음 만난 사람보다는 오래 만나온 친구를 더 가치 있게 여기고 예술 작품이나 문화재 또한 오래된 것일수록 더 귀중하다고 여기는 경향을 보이죠. 그렇다면 우리가 가치 있는 것을 판단하는 기준이 오래 지속하는 것과 동일하다거나 최소한 관계가 있다고 결론 내려도 될까요? 그렇지 않다면 우리에게 주어진 질문처럼 일시적이고 순간적인 것에도 가치가 존재할 수 있을까요?

사실 지속성과 가치를 연관 짓는 것은 서양철학의 아주 오랜 전통 중 하나입니다. 소크라테스의 제자로 '이데아론'을 제창했으며 서양철학사에서 가장 중요한 인물로 손꼽히는 플라톤 Platon(B.C. 428년경~B.C. 347년경)이 대표적인 예입니다. 플라톤은 서양철학의 아버지라고도 일컬어지는데요, 심지어 20세기 영국 철학자 알프레드 화이트헤드 Alfred Whitehead(1861~1947)는 '서양철학사는 플라톤 철학의 각주에 불과하다'고 이야기했을 정도였습니다.

플라톤이 태어난 기원전 428년경은 펠로폰네소스전쟁이 벌어지던 시기였습니다. 앞서 언급했듯 이 전쟁은 고대 그리스 쇠망의 결정적인 원인이 되었죠. 기원전 431년 발발해 잠시 휴전 상태였던 전쟁은 플라톤이 열다섯 살이 되던 해 다시 시작되었고 스물네 살이 되던 기원전 404년에 완전히 끝나게 됩니다. 그리고 얼마 지나지 않아 플라톤은 존경하던 스승 소크라테스를 잃는 아픔을 겪죠.

플라톤 철학의 중요성은 이루 말할 수 없지만 그중에서도 가장 중요한 개념을 하나만 고르자면 역시 이데아론을 빼놓을 수 없을 듯합니다. '이데아idea'란 사물과 사고가 지닌 완전 불변한 본질을 말합니다. 감각적 경험 세계와 분리되어 존재하는 완전성의 세계, 즉 이데아의 세계가 존재하고 현실 세계는 그 복사물에 불과하다는 것이 플라톤의 생각이었죠. 이 같은 관점에서 살펴본다면 일시적으로 존재하는 가상 혹은 복사물과 달리 오래 지속하는 사물은 철학적 우위를 담보받게 됩니다. 일시적인 것이나 순간적인 것에 가치를 부여하거나 이를 중요하게 여기는 것은 시간 낭비에 불과하죠.

플라톤은 이런 관점을 자신이 구축한 형이상학적 세계관을 넘어 미학적 사고에까지 적용합니다. 다시 말해 그에게 '미란 무엇인가'라는 질문이 지칭하는 바는 감각적으로 경험할 수 있는 아름다움과 분리되어 있는 미의 이데아, 즉 미 그 자체를 말한다고 볼 수 있는 것이죠.

그렇다면 자네가 나와 함께 다음 단계로 가는 것에 동의하는지 알아보지. 나는 이렇게 생각하네. 만약 아름다움 그 자체를 제외하고 어떤 것이든 아름답다면 다른 이유가 있어서가 아니라 그것이 단지 아름다움 그 자체의 성질을 갖고 있기 때문이라고 말일세. 그리고 이것은 모든 것에 적용되지. 이 관점에 동의하는가?

플라톤,《파이돈》

문제는 우리가 이데아의 세계를 살지 않는 존재라는 데 있습니다. 말하자면 오래 지속되지 않는 것에서도 만족감을 얻는 경우가 적지 않다는 뜻입니다. 우리는 출근길 지옥철에서 웹툰을 보며 즐거워하기도 하고 저처럼 퇴근 후 맥주 한잔에 행복을 느끼기도 합니다. 순간적인 만족이 오래 지속되는 만족보다 더 가치 있다고 말하긴 어렵지만 전혀 가치가 없다고 말하기도 어려운 것입니다. 게다가 일시적이고 순간적인 것이라도 그것이 반드시 일시적이고 순간적인 데서 그친다고 볼 수는 없습니다. 맛있는 음식, 아름다운 음악, 따뜻한 포옹의 순간이 지나가도 우리는 이를 기억할 수 있기 때문입니다.

그런데 기억이 일시적이고 순간적인 것에 포함될 수 있을까요? 순간의 쾌락이나 기억에만 매몰되어 지속적인 가치나 행복을 잃게 될 위험은 없을까요? 당신은 어떻게 생각하나요?

지금 나에게 가장 필요한 것은 무엇인가요?

마음의 여유입니다. 지금 저는 이루고 싶은 꿈을 향해 쉼 없이 달려가고 있습니다. 그 시간이 더없이 행복하지만 가끔 꿈이 버겁게 느껴질 때도, 달리는 일이 지칠 때도 있습니다. 그럴 때면 일시적인 여유를 찾습니다. 한숨 돌리면서 주위를 둘러보고 지금 내가 가진 것과 내 곁의 사람들을 떠올리며 현재에 만족하는 연습을 하죠. 꿈을 꾸는 일이 지속적인 가치를 지닌 것이라면 마음의 여유를 갖는 일에는 순간적인 가치가 있다고 생각합니다. 당신은 지금 무엇이 필요한가요?

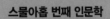

스물아홉 번째 인문학

진리가 마음을 불편하게 할 때
위안을 주는 환상을 좇아도 좋을까?

동굴 밖으로 나가고자 한 플라톤

·

"이게 진짜가 아니란 걸 알아요. 입에 넣으면 매트릭스가 내 두뇌에 맛있다는 신호를 보내주죠. 내가 9년 만에 뭘 깨달았는지 알아요? 모르는 게 약이다. 난 아무것도 기억하고 싶지 않아요. 아무것도."

영화 〈매트릭스〉(1999)를 본 분이라면 아마 이 대사를 기억하리라고 생각합니다. 자신의 욕구를 채우고자 오랜 기간 함께 투쟁해온 동료들을 배신하고 '매트릭스'로 돌아가려는 인물 사이퍼가 한 말이죠. 그는 진짜 세계에서는 맛볼 수 없는 맛있는 가짜 스테이크를 입에 넣으면서 비록 그것이 진실이 아니라도 상관없으니 자신의 기억을 지워달라고 부탁합니다. 2199년 AI에 의해 인류가 지배되는 세상을 그린 이 영화에서 매트릭스는 진짜보다 더 진짜 같은 가상현실을 뜻합니다.

그런데 약 2,500년 전 매트릭스의 세계와 비슷한 가정을 한 인물이 있습니다. 바로 앞 질문에서 만났던 플라톤이 그 주인공입니다. 그는 '동굴의 비유'라는 예를 들며 철학의 세계에 마치 매트릭스와 같은 세계를 구현합니다. 그럼 잠시 그 내용이 무엇인지 살펴보도록 하죠.

동굴이 하나 있습니다. 그리고 그곳에 갇힌 사람들이 있죠. 그들은 사슬에 묶인 채 평생을 살아갑니다. 머리마저 고정되어 있어서 동굴의 벽면 말고는 아무것도 볼 수 없습니다. 그들 뒤로는 불이 있고 불과 그들 사이에는 길이 하나 있습니다. 그 길을 따라 다양한 사람들이 지나가며 동굴 벽면에 그림자를 드리웁니다. 몇몇은 동물의 모형을 운반하면서 동물 그림자를 만들기도 합니다. 사슬에 묶인 이들은 이 그림자가 실재라고 믿고 있습니다. 이보다 나은 것을 알지 못하기 때문이죠.

그러던 어느 날 한 사람이 잠시 사슬에서 풀려나게 됩니다. 그의 시선은 자연스레 동굴 반대편을 향하죠. 처음에는 눈이 부셔 아무것도 볼 수 없었지만 조금씩 환한 빛에 적응하게 됩니다. 그는 곧 태양 빛 가득한 동굴 밖까지 발걸음을 옮기고 그곳에서 자신이 실재라고 믿었던 것들이 고작 그림자에 불과함을 깨닫게 됩니다. 그는 다시 동굴로 돌아와 자리에 앉았지만 이제 더는 어둠이 익숙하지 않습니다.

친구들은 그가 불쌍하기만 합니다. 동굴 밖을 다녀온 뒤로 시

LVX VENIT IN MVNDVM ET DILEXERVNT HOMINES MAGIS TENEBRAS QVAM LVCEM. 10.3.19
ANTRVM PLATONICVM.

안 산레담Jan Saenredam, 〈플라톤의 동굴의 비유〉(1604, 대영박물관)

력이 떨어진 데다 엉뚱한 소리까지 지껄이기 시작했기 때문이죠. 그가 아무리 '진짜를 보았다'고 외쳐도 사람들은 그 말을 믿지 않습니다. 그의 친구들은 지금까지 그래왔던 것처럼 자신들이 바라보고 있는 그림자에 만족하며 평생을 살아갈 것이기 때문입니다.

위의 이야기는 플라톤의 가장 위대한 저서로 꼽히는 책《국가론》(B.C. 429)에 실려 있습니다.《국가론》은 총 10권으로 이루어진 방대한 저술인데요, 1권은 '정의란 무엇인가'를 주제로 정의의 개념을 검토하는 내용으로 구성되어 있고 2권부터 10권까지의 내용은 플라톤의 정의에 대비되는 개념을 극복하기 위한 논의들로 채워져 있습니다.

다시 '동굴의 비유'로 돌아가, 우리는 이 이야기를 통해 플라톤이 인간을 어떻게 이해하는지 쉽게 알 수 있습니다. 그가 보기에 대부분의 인간은 단순한 현상, 즉 동굴 벽면에 비친 그림자만으로도 만족하며 살아갑니다. 반면 철학자들은 진리에 대한 사랑을 바탕으로 실재에 관한 지식을 추구하죠. 동굴 밖으로 나가 '이데아'를 향해 나아가는 것입니다.

그렇다면 이데아가 무엇인지 다시 구체적으로 알아보죠. 세상에는 많은 의자가 존재합니다. 어떤 것은 나무로, 또 어떤 것은 푹신푹신한 쿠션으로 만들어져 있죠. 1인용도 있고 여러 사람이 함께 사용할 수 있는 의자도 있습니다. 하지만 이들은 모두 의자라고 불리는 무언가를 공통적으로 갖고 있습니다. 이 의자들이 공유하는 것이 바로 이상적인 의자와의 관계, 즉 의자 이데아와의 관계입니다. 플라톤이 보기에 이데아는 실제로 존재하며 그곳의 의자야말로 진정한 의자라고 할 수 있습니다. 다른 모든 의자들은 이데아의 불완전한 복사물에 불과한 것입니다.

우리는 의자의 이데아로부터만 의자에 관한 진정한 지식을 얻을 수 있습니다. 현실의 의자에 대한 정보는 무엇이든 견해에 불과할 뿐 지식은 되지 못합니다. 끊임없이 변화하는 현실과 달리 이데아의 세계는 시간을 초월하며 불변합니다. 철학자들은 지혜를 사랑하기에 이데아계에 접근하고 사유를 통해 지식의 가능성을 얻게 됩니다.

재밌는 점은 이데아가 개별 사물뿐만 아니라 정의나 선 같은 추상적 개념에도 적용된다는 것입니다. 특히 선의 이데아는 궁극적인 이데아이자 모든 철학적 탐구의 목표라고 할 수 있습니다. 플라톤은 선의 이데아를 태양에 비유해 설명합니다. 그는 태양이 우리가 볼 수 있게 해주며 성장의 근원이 된다는 점에 주목합니다. 선의 이데아는 마치 태양처럼 마음의 눈을 통해 실재의 본성을 보고 이해할 수 있도록 해준다는 것이죠. 선이라는 빛이 있기에 우리는 어떤 삶을 살아야 하는지 그 지침을 얻을 수 있습니다.

플라톤은 우리가 이성을 토대로 이데아를 발견하기 위해 늘 노력해야 한다고 말합니다. 불완전한 현실에 안주하기보다는 완벽함을 추구해야 한다는 것이죠. 현실에 등 돌린 채 매트릭스의 세계로 만족하려는 사이퍼가 아닌, 우리가 처한 현실을 직시하고 그곳으로 나아가고자 노력한 네오와 그의 동료들이 되어야 한다는 것입니다.

이런 목표는 사실 대부분의 사람들에게 부담스럽게 느껴질지도 모릅니다. 영화를 보며 사이퍼의 행동이 나쁘다고 손가락질했다 해도 우리는 알고 있습니다. 내가 만약 사이퍼와 같은 상황에 처한다면 나 역시 그와 똑같은 선택을 할 수도 있다는 것을요. 당신은 만약 동굴 속 사람들이 된다면 혹은 〈매트릭스〉의 인물이 된다면 어떤 선택을 하고 싶은가요? 어렵고 불편하기만 한 현실로 나아갈 건가요, 아니면 달콤하기만 한 환상을 좇을 건가요?

내 삶이 한 편의 영화라면 작품의 제목은 무엇인가요?

그 작품의 제목은 〈무제〉입니다. 제 삶은 아직 계속되고 있으니 제목 미정의 시나리오를 써 내려가고 있는 셈이죠. 다만 이 영화의 주인공이 사이퍼 같은 인물은 아니길 바랍니다. 동굴 안에 머무는 사람도 아니길 바랍니다. 옳음을 찾아 매트릭스를, 동굴을 벗어날 수 있는 사람이었으면 좋겠습니다. 당신의 영화 제목은 무엇인가요?

서른 번째 인문학

모든 살아 있는 존재에 대한 존중은
도덕적 의무일까?

동물 평등권을 주장한 싱어

●

　　　　　과학기술의 급격한 발전 이후 인
간은 지구상에 존재하는 모든 생물을 '수단'으로 여기며 살아왔
습니다. 인간에게는 모든 것이 가능하고 인간이 모든 것을 정복
할 수 있다고 여기던 때도 있었습니다. 대영제국 시기 영국 대법
관이자 경험주의 철학의 선구자로 데카르트와 함께 근대철학의
개척자로 평가받는 프랜시스 베이컨Francis Bacon(1561~1626)은 과
학자들이 함께 모여 연구하는 '솔로몬의 집'을 구상하며 그 목적
을 "사물의 원인과 보이지 않는 운동을 밝히며, 가능한 모든 일
을 성취하기까지 인간 제국의 국경을 넓히는 것"이라고 말하기
도 했죠.

　하지만 이 같은 사고의 부작용이 나타나기 시작했습니다. 수
많은 동식물이 멸종했고 자연이 파괴되었으며 이로 인해 인간
의 생존도 위협받게 된 것입니다. 그러자 사람들은 '자연'이라 불
리는 영역에 속한 모든 생물을 존중하고 보호해야 한다는 인식
을 갖기 시작했습니다. 플라스틱을 덜 쓰고 동물실험을 자제하

는 등의 행동이 그런 인식의 대표적인 결과물이었죠. 그런데 이렇게 존중받아야 할 대상은 어디까지일까요? 고통을 느끼는 동물? 아니면 식물을 포함해 자연에 속해 있는 모든 생물? 그리고 우리는 왜 인간이 아닌 모든 것들을 존중해야 할까요? 그것이 살아 있는 존재에 대한 도덕적 의무이기 때문일까요, 아니면 이 마저도 결국 인간을 위한 일이기 때문일까요?

인간 외의 존재에 대한 윤리학적 접근은 인간의 인식 변화와 함께 시작되었습니다. 따라서 그 역사가 비교적 짧은 편인데요, 여기서는 여러 윤리적 접근 중 동물권에 관해 새로운 관점을 제기한 피터 싱어Peter Singer(1946~)의 입장을 바탕으로 생각해보려고 합니다.

싱어의 대표작은 1975년 발표된《동물 해방》입니다. 그는 이 책을 통해 인간을 넘어 동물에까지 확장한 생명 윤리를 말합니다. 요지는 이렇습니다. 단순히 한 개체가 어떤 종에 속해 있다는 이유로 그 존재를 차별하는 것은 일종의 편견이라는 것입니다. 그는 이런 태도는 어떤 인종에 속해 있는가에 따라 개인을 차별하는 것과 다를 바 없이 부도덕하고 정당화될 수 없다고 말하죠. 그리고 문제의 해결책으로 동물 평등권을 요구하는데요, 싱어는 크게 두 가지 영역에서 동물권의 침해가 이루어지고 있음을 지적하며 동물 평등권 반대자들의 입장을 반박합니다.

첫째, 연구를 위한 도구로써 동물이 사용되는 경우입니다. 동물실험을 옹호하는 사람들은 이것이 인간을 위한 불가피한 희생이며 시간과 비용 측면에서 가장 효율적인 방법이라고 주장합니다. 가령 1922년 캐나다 생화학자 프레더릭 밴팅Frederick Banting(1891~1941)은 동물실험을 통해 당시 스무 살을 넘긴 생존자가 없을 만큼 무서운 죽음의 병이었던 당뇨병 치료제 인슐린을 발견했습니다. 그의 실험에 사용된 개는 90여 마리였지만 그 희생으로 전 세계 3,000만 명이 넘는 사람들이 목숨을 구할 수 있었죠.

싱어는 여기에 대해 다음과 같은 논지로 반박합니다. 먼저 그는 대체적으로 동물실험에서 얻어낸 결과가 동물들의 고통에 비해 하찮고 뻔하며 의미 없는 것들이 대다수라는 사실에 주목합니다. "우리가 이미 잘 알고 있던 바를, 그리고 조금만 생각해봐도 훨씬 덜 유해한 방식으로 확인할 수 있을 내용을 과학적 특수 용어를 사용하기 위해" 동물실험을 하는 경우가 상당수라는 것이죠. 또 그는 동물실험의 결과가 인간에게도 그대로 적용된다고 믿을 수 없으며 동물실험을 대체할 다양한 실험 방법이 개발되고 있다는 사실도 강조합니다.

둘째, 공장식 사육에 따른 동물권 침해입니다. 여기서 잠깐 공장식 사육에 관한 기사를 하나 살펴보죠.

(…) 한국 땅에서만 1,000만이 넘는 돼지들이 밀폐된 공장식 축산에서 초밀도로 사육되고 있다는 사실을 알게 되었다. 그리고 불편한 진실들을 알게 되었다. 새끼돼지들은 꼬리와 이빨이 잘리고, 수퇘지들은 마취 없는 거세를 당하며, 나와 똑같이 희로애락을 느끼고 사랑과 고통을 느낄 여성 돼지들이 '스톨'이라는 감금 틀에 갇혀 자신의 의지와 상관없이 임신되고 출산하고 새끼를 빼앗기고, 그러다 새끼 낳는 '성적'이 떨어지면 도살장으로 보내진다는 사실을.

양돈 농장에서 나는 숱한 약병을 보았다. 피부병 약, 장 치료제, 호흡기 치료제, 호르몬제 등등. 내가 본 약병들이 모든 농장의 현실이라고 말할 수는 없을지 몰라도, 햇빛과 바람이 들지 않는 밀폐된 축사에서 수천, 수만 마리의 돼지들을 밀집 사육하는 공장식 축산이 돼지들의 면역력을 떨어뜨리고 질병을 부르는 것은 당연해 보였다.

황윤 영화감독, 〈'육식의 무한리필' 이젠 멈출 때〉

(《한겨레신문》, 2019년 9월 23일 자)

싱어도 이 같은 문제를 언급하며 자연스러운 행동을 방해할 정도로 동물을 심하게 감금하는 것은 옳지 않다고 말합니다. 최소한 별다른 어려움 없이 몸을 돌린다든가 털을 고를 수 있어야 하며 일어섰다 누웠다 하거나 자신의 사지를 펼칠 수 있을 정도의 운동을 자유롭게 할 수 있어야 한다는 것이죠. 또 설령 공장식 축산이 존재하는 모든 곳에서 커다란 발전이 이루어진다고 하더라도 이 모든 개혁 중 동물과 인간이 평등하다고 할 수 있을 만큼의 큰 변화는 없을 것임을 기억해야 한다고 말합니다.

그렇다면 우리는 종차별주의에 대해 어떤 대안을 내놓을 수 있을까요? 싱어는 첫 단계로 더는 동물을 먹지 않는 것을 말합니다. 동물에게 연민을 느끼면서도 불쌍히 여기는 대상을 먹는 행위는 모순이라는 것이죠. 그는 이를 크게 4단계로 나누어 설명합니다. 1단계는 생산지가 확실하지 않을 경우 닭과 칠면조, 토끼, 돼지, 송아지, 소 그리고 달걀을 먹지 않는 것입니다. 2단계는 어떤 유형의 도축된 조류나 포유류도 먹지 않는 것이죠. 3단계는 물고기와 인간 모두에 관심을 갖고 물고기를 먹지 않는 것이며 4단계는 채식을 선택하는 것입니다.

싱어는 현대인이 동물이 처한 상태를 어느 정도 개선할 수 있을 정도의 박애심을 갖고 있다고 말합니다. 하지만 무자비한 착

취를 용인하는 근본적인 입장을 바꾸지 않은 채 이루어진 개선은 언제나 침식당할 위험성이 있다고 경고하죠. 그는 인간의 손에서 야기되고 있는 동물들의 고통을 줄이는 일은 일단 인간이 착수하기만 하면 비교적 해결이 용이하다고 말합니다. 또 '어떤 경우라도 인간이 우선'이라는 생각은 어쩔 수 없는 선택이기보다는 인간을 제외한 동물을 위해 아무것도 하지 않음을 변명하기 위해 사용된 적이 많았다고 지적합니다.

이 같은 그의 주장을 둘러싸고 30년이 지난 현재까지도 많은 논쟁과 토론이 이어지고 있습니다. 누군가는 채식주의는 환상에 불과하며 건강 유지를 위해서라도 일정 이상의 육식은 해야 한다고 말하고 그 반대편에선 이 역시 육식을 정당화하기 위한 인간들의 이기적인 변명에 불과하다고 말합니다. 하지만 싱어의 주장 이후 동물권 보장에 관한 많은 논의와 공감이 이루어진 것만은 분명합니다. 유럽에서는 2013년 스톨 사육이 금지되었고 동물실험을 중단하는 업체를 골라 소비하는 사람들도 많아지고 있으니 말입니다.

과연 우리가 존중해야 할 존재의 범위는 어디까지일까요? 동물 아니면 식물 혹은 눈에 보이지 않는 미생물? 그리고 그 존재에 대한 존중은 어떤 형태로 이루어져야 할까요?

환경보호는 인간을 위한 것일까요, 자연을 위한 것일까요?

엄밀히 따지자면 결국 인간을 위한 일일 것입니다. 자연은 인간 없이 존재할 수 있지만 인간은 자연 없이 존재할 수 없으니까요. 기후변화 운동가가 주목받을 만큼 인간에 의한 환경 파괴 문제가 심각한 위기를 낳고 있습니다. 그에 맞서 지속가능한 발전을 고민하는 사람들도 많아지고 있고요. 환경보호는 생명 존중 면에서도 중요하지만 지금 우리가 누리고 있는 아름다운 자연과 삶을 후대까지 이어지도록 하기 위해서도 중요한 일이라고 생각합니다. 당신은 어떻게 생각하나요?

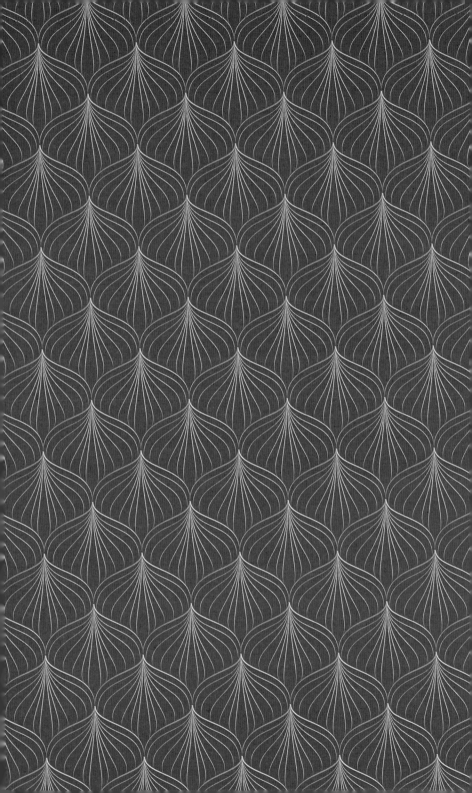

PART 4

정치와
권리에
대하여

서른한 번째 인문학

자유는 주어지는 것일까,
싸워서 획득해야 하는 것일까?

자유를 위한 투쟁 4·19혁명과 5·18민주화운동

●

　　　　자유는 단어가 지닌 무게에 비해 우리가 일상적으로 자주 접하는 말입니다. 저의 학창 시절에는 두발 자유가 큰 이슈였고 텔레비전에서 방영되는 연애 프로그램을 보면 연인에게 어디까지 자유를 허락해야 하는지를 두고 열띤 토론이 벌어지기도 합니다. 하지만 막상 자유의 의미를 '이렇다'고 정의하기는 쉽지 않은 노릇입니다. 사전적 의미에 따라 '외부적인 구속이나 무엇에 얽매이지 아니하고 자기 마음대로 할 수 있는 상태'를 자유라고 정의하는 사람이 있는가 하면 그건 모든 자유를 포괄하는 정의가 아니라고 주장하는 사람도 있죠.

　이 때문에 자유를 적극적 자유와 소극적 자유로 나누어 생각하는 사람도 있습니다. 적극적 자유는 스스로 결정한 것을 실현하려고 노력하는 상태를 말합니다. 반면 소극적 자유는 간섭이나 방해, 구속 등이 없는 상태를 말하죠. 자유는 역사적으로 소극적 자유를 거쳐 적극적 자유로 그 범위를 넓혀갔습니다. 인간의 요구와 욕망이 조금씩 다양해지고 이에 따라 개개인의 생각과 행동을 좀 더 각자의 의지에 따라 보장하고자 하는 움직임이 나타났기 때문입니다. 그런데 이런 변화는 아무런 싸움이나 투쟁 없이 이루어졌을까요?

> 국민의 자유와 권리는 헌법에 열거되지 아니한 이유로 경시되지 아니한다. 국민의 모든 자유와 권리는 국가안전보장·질서유지 또는 공공복리를 위하여 필요한 경우에 한하여 법률로써 제한할 수 있으며, 제한하는 경우에도 자유와 권리의 본질적인 내용을 침해할 수 없다.

대한민국 헌법 제37조에 명시된 국민의 자유 보장에 관한 내용입니다. 우리나라 헌법에는 이 외에도 제2장 10조부터 22조까지 국민이 보장받아야 할 기본적인 자유권이 열거되어 있습니다. 신체의 자유(제12조)와 거주·이전의 자유(제14조), 양심의 자유(제19조), 언론·출판·집회·결사의 자유(제21조), 학문과 예술의 자유(제22조) 등이 그것입니다.

그런데 이 같은 헌법 조항들이 처음부터 잘 지켜졌을까요? 물론 아닙니다. 사람들은 헌법에 보장된 자유를 얻기 위해 끊임없이 투쟁했습니다. 대표적인 예로 4·19혁명과 5·18민주화운동을 들 수 있습니다.

1960년 일어난 4·19혁명은 이승만의 자유당 정권이 이기붕을 부통령으로 당선시키기 위해 개표를 조작하자 이에 반발한 학생들이 선거 무효와 함께 재선거를 주장하며 시위를 한 것이 그 시작이었습니다. 이후 시위는 시민과 교수에게까지 확산되어 결국 이승만을 정권에서 물러나게 합니다.

그로부터 20년 뒤인 1980년 광주에서는 5·18민주화운동이 일어났습니다. 5월 18일부터 27일까지 약 열흘 동안 광주시민과 전라남도민이 중심이 되어 민주 정부 수립과 신군부 세력 퇴진, 계엄령 철폐 등을 요구하며 민주화운동을 진행한 건데요, 시위 진압을 위해 계엄군이 투입되고 발포까지 이루어지며 수많은 사람들이 희생되었습니다. 2001년 기준 확인된 피해자는 사망 218명, 행방불명 363명을 포함해 총 7,200명에 이른다고 합니다. 많은 이들의 고귀한 희생으로 인해 우리의 자유는 한 발 더 앞으로 나아갈 수 있었죠. 2020년 5·18민주화운동은 40주년을 맞았지만 군사 쿠데타를 주동한 전두환에 대한 재판은 여전히 진행 중입니다.

자유를 위해 투쟁한 예는 우리나라뿐 아니라 세계 곳곳에서 찾을 수 있습니다. 대표적으로 1789년 프랑스에서는 불평등한 사회구조를 바꾸고 자유를 쟁취하기 위한 프랑스대혁명이 일어났고 이에 앞선 1776년 미국에서는 보스턴 항구 폐쇄 등을 골자로 하는 영국의 '참을 수 없는 법' 통과에 저항하고 영국령 식민지에서 벗어나 자유를 쟁취하기 위한 독립혁명이 시작되었죠. 두 혁명은 모두 성공으로 끝이 났고 그 결과 더 많은 사람들이 자유를 누리게 되었습니다.

그렇다면 이와 같은 역사적 경험을 토대로 자유는 주어지는 것이 아닌 '싸워서 획득해야 하는 것'이라는 결론을 내릴 수 있을까요? 아마도 누군가는 '그렇다'고 말할 것이고 또 다른 누군가는 '그건 지난날의 이야기일 뿐 지금 시대에 자유는 싸워서 얻는 것이 아닌 주어지거나 타협과 양보를 통해 얻어지는 것'이라고 대답할 수도 있을 것입니다. 당신의 생각은 어떤가요? 자유는 어떤 방법으로 우리에게 오는 걸까요?

내 삶을 책임진다는 것은 어떤 의미인가요?

흔히 자유에는 책임이 따른다고 하죠. 내 삶을 책임진다는 것은 내가 자유롭게 하는 행동의 결과를 책임지는 것이 아닐까요. 무엇보다 내 삶과 자유가 존중받길 원한다면 타인의 것 역시 존중해야 한다고 생각합니다. 다시 말해 타인의 자유를 침해하지 않는 행동을 하고 만약 그런 행동을 했다면 그에 상응하는 대가를 치르고 반성해야만 내 삶에 책임을 진다고 할 수 있을 것 같습니다. 당신은 어떻게 생각하나요?

서른두 번째 인문학

법에 복종하지 않는 행동도
이성적인 행동일 수 있을까?

600만 명의 유대인을 학살한 뉘른베르크법

•

국가는 우리를 보호합니다. 전쟁과 같은 외부의 위협으로부터 우리를 안전하게 지켜주기도 하고 최근처럼 전염병이 창궐하는 시기에는 병의 확산을 막고 통제하는 기관을 지휘하며 경기 침체를 회복하기 위해 긴급 재정 정책 등을 마련하기도 하죠.

그런데 반대로 생각해보면 국가는 우리에게 매일 무언가를 요구하고 있기도 합니다. 국가 유지를 위한 여러 조직과 단체를 운영하고 복지 정책을 실시하기 위해 각종 세금을 징수하며 국민의 안전을 포함한 여러 이유와 명분을 들어 수많은 개인정보의 제공을 요구하기도 하죠. 또 징병제를 채택하고 있기 때문에 대부분의 남성은 일정 연령이 되면 병역에 종사해야 합니다.

이런 요구는 대부분 국가가 제정하고 집행하는 '법'에 근거를 두고 있습니다. 우리가 이 나라의 국민이고 원하든 원치 않든 국가가 제공하는 혜택을 받고 있는 이상 국가가 제정한 사회규범인 법을 지켜야 한다는 것입니다. 이 같은 논리를 듣다 보면 이런저런 궁금증이 생깁니다. '법을 지키라는 것은 법에 복종하라는 말과 같은 의미일까?', '우리에게 법에 복종할 의무가 있을까?', '법에 복종하지 않는 행동은 비이성적인 행동일까?' 같은 의문들이죠.

자, 하나씩 차근차근 답을 찾아나가 봅시다. 먼저 법을 '지키라'는 말과 '복종하라'는 말은 동의어일까요? 물론 아닐 것입니다. 예를 들어보죠. 법에 따르면 우리는 각자 발생한 소득에 따라 세금을 내야 합니다. 이를 소득세라고 하는데요, 만약 내가 법이 정한 바에 따라 소득세를 낸다면 나는 법을 '지켰다'고 할 수 있습니다. 하지만 만약 내가 소득세를 낸 이유가 그 법이 정한 내용이 전적으로 옳고 그렇기 때문에 국가에서 정한 법을 반드시 따라야 한다고 생각해서가 아닌 그저 처벌이 두려워서였다면 어떨까요? 내가 법을 지켰다는 결과는 같지만 법에 맹목적으로 '복종했다'고 보기는 어렵습니다.

이 결론에 따라 다음 질문에도 쉽게 답할 수 있습니다. 우리에게 법에 복종할 의무가 있을까요? 먼저 우리에게는 법을 지켜야 할 의무가 있습니다. 그 이유는 법을 지키지 않았을 때의 결과를 생각해보면 어렵지 않게 유추가 가능합니다. 법을 어길 경우 우리는 벌금을 물거나 감옥에 가는 등의 제재를 받게 되고 개인의 삶은 물론 가족과 집단의 생계와 활동에 심각한 지장을 초래할 수도 있습니다. 다시 말해 법을 지키지 않으면 그만한 대가를 치러야 하기 때문에 법을 지켜야 하는 것입니다.

하지만 복종은 또 다른 문제입니다. 제2차세계대전 당시 독일을 생각해보죠. 1935년 9월 15일 나치 치하의 독일에서 두 개의 법안이 공포되었습니다. 뉘른베르크법이라고도 불리는 '독일 혈통 및 명예보존법'과 '제국 시민법'이 그것이었죠. 전자는 유대인과 독일인의 결혼 및 성관계를 금지하는 법안이고 후자는 유대인의 독일 시민권을 박탈하는 법안이었습니다. 여기서 더 나아가 나치는 11월 14일 부속법령으로 '유대인 분류 기준'을 확정합니다. 조부모와 외조부모 네 명 중 세 명 이상이 유대인이면 유대인, 두 명이면 1급 혼혈, 한 명이면 2급 혼혈이라는 기준이었죠. 이들은 제국 시민이 아니므로 투표권을 비롯한 모든 정치적 권리를 박탈당했고 공무원으로 일하거나 의료업에 종사할 수도 없었습니다. 여권에는 붉은색으로 유대인Jude을 뜻하는 J자 도장이 찍혔죠.

11월 26일 뉘른베르크법은 흑인과 집시 등에까지 적용 범위가 확대되었고 1936년 베를린 올림픽 종료 직후 본격적으로 적용되기 시작합니다. 600만 명의 유대인을 비롯한 타 민족과 인종 학살의 법적 근거가 바로 뉘른베르크법이었던 것입니다.

그때 보나 지금 보나 말도 안 되는 법안이지만 당시 독일 국민들에게는 법을 지켜야 할 의무가 있었습니다. 이를 지키지 않으면 처벌받을 위험이 있었기 때문이죠. 하지만 앞서 이야기한 것처럼 법을 지켜야 할 의무가 있다는 것이 법에 복종해야 할 의무가 있음을 의미하는 것은 아닙니다. 법의 내용과 적용 범위가 결코 정당하다고 보기 어려우니까요.

그럼 이제 마지막 질문에 답할 차례입니다. 우리는 법에 복종하지 않는 행동도 이성적인 행동이라고 말할 수 있을까요? 아니, 조금 더 나아가 법을 지키지 않는 행동도 이성적인 행동이라고 말할 수 있을까요? 폴란드 출신 유대인 피아니스트 블라디슬로프 스필만Wladyslaw Szpilman(1911~2000)의 자서전을 바탕으로 만든 영화 〈피아니스트〉(2002)에서 주인공 스필만은 폐건물에서 은신 생활을 하다가 순찰을 돌던 독일 장교 호젠펠트에게 발각되고 맙니다. 하지만 호젠펠트는 스필만이 유대인임을 알고 있음에도 그를 처형하지 않고 외려 보호하는 길을 택하죠. 자신의 목숨을 걸어야 할 만큼 위험한 그의 행동은 과연 이성적이었다고 말할 수 있을까요? 당신은 어떻게 생각하나요?

모든 사람을 존중해야 할까요?

인간은 누구나 존엄성을 지니며 존엄성에 따라 존중받아야 한다고 생각합니다. 그런데 때로 어떤 사람은 스스로 존엄성을 저버리는 행동을 하기도 합니다. 나치스처럼 타인의 인권을 짓밟는 식으로 말이죠. 존엄성을 잃은 인간을 '인간'으로 존중할 수 있을까요? 당신은 어떻게 생각하나요?

서른세 번째 인문학

인간은 누군가에 의해
통치될 필요가 있을까?

'자연 상태는 투쟁이다' 홉스 vs '자연 상태는 낙원이다' 루소

∙

　　　　　　　　지배와 통치의 역사는 인류의 역사와 함께합니다. 인간은 늘 누군가를 지배하거나 지배받으며 살아왔죠. 통치의 역사는 국가의 역사와도 그 맥이 닿아 있습니다. 오랜 기간 국가는 사회를 구성하는 가장 거대하고 가장 강력한 권력을 행사하는 조직이었습니다. 당연히 그 조직을 이끄는 자, 즉 왕을 비롯한 지배자들을 그 권력을 바탕으로 피지배자를 통치해왔고요. 이쯤에서 떠오르는 질문이 하나 있습니다. 우리는 정말 누군가의 통치를 받아야 하는 존재일까요? 혹은 그저 통치 없는 사회를 경험해보지 못한 것뿐일까요?

　17세기 영국 철학자로 사회철학의 토대를 마련한 토머스 홉스Thomas Hobbes(1588~1679)는 이 문제의 답을 찾기 위해 일종의 사유 실험을 진행했습니다. 즉, 국가를 가능하게 하는 것은 무엇이며 국가에서의 우리 존재를 설명해주고 정당화하는 것은 무엇인지 묻기 위해 '국가가 존재하지 않는다면 인간의 삶은 어떠할 것인가'라는 질문을 던진 것이죠.

홉스는 국가가 없는 상태의 인간은 불안을 느낄 것이라고 주장합니다. 그에 따르면 국가가 없을 때 우리는 자력으로 살아갈 수밖에 없는 처지에 놓입니다. 그런데 생존을 위해 필요한 재화가 한정적인 상황에서는 인간이 생존하려고 하는 한 재화를 둘러싼 경쟁이 일어나게 되므로 개인적 생존 투쟁에서 그 누구도 안전할 수 없다는 것이 홉스의 생각이었죠. 이것이 바로 그 유명한 '만인의 만인에 대한 투쟁'이 일어나는 자연 상태입니다.

홉스는 자연 상태의 모든 인간은 끊임없는 공포 속에서, 무엇보다 갑작스러운 죽음에 대한 공포 속에서 산다는 점을 지적합니다. 게다가 사람들이 모두 상호 불신과 투쟁 상태에서 사는 한 한 사람이 그 상황을 바꾸기 위해 할 수 있는 일은 없다고 주장하죠.

이럴 때 모든 이의 생명과 건강을 보호해주는 권력을 수립하는 데 모두가 동의한다면 그것은 모두의 이익이 될 수 있습니다. 다시 말해 우리가 살아가는 이 사회가 모든 인간이 자기 이익을 좇아 합의한 결과라고 본다면 우리는 사회가 이성에 의해 인정된 사회계약에 기초하는 것이라고 이해할 수 있습니다.

국가는 이렇게 계약에 의해 수립되었으며 이 계약은 모든 사람이 국가에 자유를 양도한다는 생각에 근거를 둡니다. 이에 따

라 국가의 통치자는 절대적인 권력을 가지며 이런 측면에서 홉
스는 전적으로 절대주의를 지지합니다.

반면 계몽주의에 반대한 프랑스 철학자 장 자크 루소Jean Jacques
Rousseau(1712~1778)는 인간의 자연 상태가 일종의 낙원이라고 가
정합니다. 이때 인간 개개인은 어느 누구에게도 종속되지 않고
약자나 강자도 없습니다. 위선이나 꾸밈이 없기에 반성하는 사
고도 필요하지 않죠. 오히려 자연 상태에서는 그런 행동이 '기형
적인' 일에 불과할 뿐입니다.

문제는 '내 땅'을 소유한 사람들 때문에 생겼습니다. 누군가
그 누구의 땅도 아닌 공간에 울타리를 치고 자신의 땅이라 주장
한 것입니다. 만약 이에 반대한 사람이 있었다면 우리는 지금과
같은 문제를 겪지 않았을 것입니다. 전쟁과 범죄 같은 불의를 말
이죠. 하지만 이를 막지 못한 인간은 결국 악한 존재로 변하고
맙니다. 그 결과 주인과 노예로 계급이 나뉘어버렸고 각종 범죄
가 자행되기 시작합니다.

많은 것을 소유한 지배 계층은 자신들의 재산을 보호하기 위
해 이기적인 법을 강요하기에 이릅니다. 다시 말해 자연 상태에
서 문명 상태로의 변화가 선에서 악으로의 변화, 자유에서 속박
으로의 변화, 정의에서 불의로의 변화를 가져오게 된 것이죠. 본

래 도덕적이고 자유롭게 태어난 인간은 사회 그리고 사회가 강요하는 법으로 인해 '쇠사슬에 얽매여' 살아가고 맙니다.

그렇다고 지배 계층이 만든 규칙에만 매여 살 수는 없는 법입니다. 따라서 루소는 구성원 모두의 합의를 통해 인간의 자유와 국가권력이 조화를 이루는 법을 새로 만들어야 한다고 주장합니다. 여기서 말하는 합의란 바로 사회계약을 말합니다. 또 전체로서 국가의 바람이나 공공선을 추구하고자 하는 경향을 루소는 '일반의지'라고 부르죠. 우리는 일반의지를 파악하기 위해 '투표'를 실시하고 만약 권력자들이 투표를 통해 확인한 일반의지를 무시하려 할 경우 저항권을 발동해 새로운 정부를 세울 권리를 얻게 됩니다.

자, 이제 다시 질문을 생각해보죠. 자연 상태의 인간, 즉 우리는 어떤 모습으로 살아갈까요? 우리가 평화롭게 살아가기 위해 국가는 반드시 필요할까요? 우리는 누군가에 의해 통치될 필요가 있는 걸까요?

국가의 역할은 무엇일까요?

국가라는 공동체 안에서 함께 살아가는 국민들이 유대감을 느끼고 그 유대감을 바탕으로 서로를 아끼고 존중할 수 있는 기반을 만드는 것, 이것이 국가의 중요한 역할이라고 생각합니다. 하지만 지금 전 세계 여러 나라들을 보면 빈부 격차나 인종 차별에서 비롯된 분열이 극심해지고 있는 듯합니다. 제가 생각하는 국가의 역할이 제대로 이루어지지 않고 있는 셈인데요. 이럴 때 저는 국가의 구성원으로 일반의지를 지닌 국민의 역할을 함께 생각해봅니다. 당신은 어떤가요?

노동은
욕구 충족 수단에 불과할까?

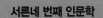

노동을 바라보는 두 가지 관점, 자아실현 vs 생계유지

2017년 기준 연간 노동 시간 2,024시간. 우리나라 노동자들은 OECD 국가 중 멕시코와 코스타리카에 이어 세 번째로 많은 시간을 노동하고 있습니다. 우리는 모두 오늘, 이번 주, 이번 달, 올해만 견디면 내게도 행복한 삶이 찾아오리라 믿으며 그 삶을 가져다줄 '돈'을 벌기 위해 기꺼이 하루를 희생하죠. 그런데 그 행복을 위해 대부분의 시간을 할애하는 노동, 그 자체는 어떤가요? 노동은 우리를 행복하게만 하는 것 같지 않습니다. 아니, 매일같이 반복되는 치열한 경쟁에서 도태되거나 기회조차 얻지 못하는 이들을 보면 노동을 통해 행복감을 느끼려고 하는 시도 자체가 사치스럽게 느껴지기도 합니다. 과연 노동은 우리에게 어떤 의미를 갖는 행위일까요?

노동에 관한 인식은 저 멀리 고대 그리스에서부터 살펴볼 수 있습니다. 당시 사람들은 노동이 인간이 가져야 할 삶의 본질과는 거리가 먼 행위라고 생각했습니다. 일례로 아리스토텔레스는 "노동의 목적은 여가를 얻기 위한 것에 불과하다"고 했는데요,

그는 노동은 가능한 모두 노예에게 떠맡겨야 하며 이득을 얻기 위해 하는 일은 그 자체로 저주가 될 수 있다고 믿었습니다. 그의 스승인 플라톤과 소크라테스도 노동에 매달리는 것은 고통을 받으며 쾌락을 느끼는 가학적 경향이라고 해석하기도 했죠.

하지만 로마제국이 몰락하면서 노동이 긍정적으로 인식되는 분위기가 만들어지기 시작했습니다. 가톨릭의 수도원에서는 자급자족 체제를 유지하기 위해 자연스럽게 일과에 노동을 추가했고 중세 이후 수공업자들이 모여 이익과 권리를 보호하기 위해 '길드guild' 즉, 장인 조합을 결성하면서 점차 노동에 긍정적인 의미가 부여되었습니다.

그렇다면 근대 이후의 노동은 어떤 의미를 갖고 있을까요? 사람들은 대개 두 가지 의미로 노동을 바라봅니다. '자아실현'과 '생계유지'가 바로 그것입니다. 먼저 노동이 자아를 실현하기 위해 존재한다는 관점을 살펴보죠. 데카르트는 자연의 적대적인 힘을 정복하고 이를 인간의 수단으로 바꿔 문화를 형성할 수 있는 방법은 노동이 유일하다고 보았습니다. 후대 철학자인 헤겔 또한 노동은 자아실현을 위한 필수적 수단이며 해방의 도구라고 주장했죠. 다시 말해 이들은 노동이 인간을 인간답게 만들고 자유를 쟁취할 수 있게 해준다고 생각했던 것입니다.

렘브란트 판 레인Rembrandt van Rijn, 〈포목상 조합의 이사들〉(1662, 캔버스에 유채, 279x191,5cm, 암스테르담 국립박물관)

　반면 노동이 생계유지 수단에 불과하다고 말하는 사람들도 있었습니다. 19세기 철학자 니체가 대표적입니다. 그는 노동을 예찬하는 경향이 생긴 것은 노동자를 일의 노예로 만들려는 지배층의 계책에 불과하다고 주장합니다. 니체에 따르면 오로지 생존을 위해 이루어지는 반복적이고 단순한 노동은 인간의 꿈과 사랑, 사고 등 본질적인 가치를 변질시키고 맙니다. 이는 결국 인간의 사색 능력을 마비시켜 자아실현이 아닌 자아 상실의 방향으로 나아가게 하죠.

이유야 어쨌든 산업화 이후 노동의 필요성은 점점 증가해왔습니다. 반면 분업화로 인해 각자가 해야 할 역할은 생산 과정의 일부에 불과해졌죠. 그리고 이는 노동자를 노동에서 소외시키는 모순을 낳고 맙니다. 생산 과정의 전체를 포괄하지 못하게 되니 노동을 통해 자아를 실현하고 충족하는 일 역시 요원해진 것입니다. 사람들은 결국 노동 자체에서는 즐거움과 만족을 느끼지 못하게 됩니다. 이제 노동은 그 자체로 목적이 아닌 노동의 대가를 목적으로 하는, 즉 돈을 버는 수단으로 전락해버렸죠.

기술의 급격한 발전으로 수많은 단순노동이 기계화되고 있는 오늘날에도 상황은 그리 긍정적이지 못합니다. 장기화와 심화를 거듭하기만 하는 실업 문제는 수많은 취업 준비생이 '우선 합격'을 외치게 하고 결국 취업 이후에도 노동이 가치 있고 즐거운 것이기보다 하루하루의 생계를 위한 수단에 불과하다는 인식으로 사람들을 이끌고 있습니다.

이제 우리 스스로에게 질문을 던져볼 차례입니다. 노동자로서 당신은 지금 어떤 상황에 놓여 있나요? 당신에게 노동은 어떤 의미인가요?

내 주변에 칭찬하거나 인정하고 싶은 사람이 있나요?

예전에 한 다큐멘터리에서 일본 불황기에 실직한 남자의 사연을 본 적
이 있습니다. 그의 통장 잔고는 우리 돈으로 30만 원 정도가 다였는데
PD가 그 돈이 떨어지면 어떻게 할 거냐고 물으니 그는 대답했습니다.
"길에 쓰러져 죽을지도 모르죠." 저는 살아 있는 것 자체가 얼마나 힘든
일인지 다큐를 보며 생각하게 되었습니다. 그래서 지금 죽지 않고 살아
가고 있는 모든 이들을 칭찬하고 인정해주고 싶습니다. 당신은요?

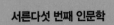

서른다섯 번째 인문학

시장에 대한 정부의 규제는
정당할까?

정부 지출을 통한 유효수요 창출에 주목한 케인스 경제학

•

1929년 9월의 어느 날 미국 뉴욕시 증권시장 월스트리트the Wall Street에는 침울한 표정의 사람들이 가득했습니다. 주가 대폭락 이후 제2차세계대전이 발발하기까지 약 10년간 이어진 불황, 즉 '세계대공황'이 시작을 알렸던 것입니다. 같은 해 10월이 되자 주가 급락 폭은 더욱 커졌습니다. 일명 '검은 목요일Black Thursday'이라 불리는 10월 24일부터 29일까지 약 일주일 동안 주가가 30퍼센트가량 급락한 것입니다. 10월 23일 326.51이었던 주가는 10월 29일 230.07로 하락했고 약 3년 후인 1933년 2월 말에는 최저치인 50.16까지 떨어집니다. 3년 4개월여 만에 주가가 8분의 1 토막 난 것입니다. 이전에도 불황은 존재했지만 이번에는 말 그대로 '대공황'이라 불릴 만했습니다. 가장 큰 영향을 받은 미국의 경우 공황 초기 약 4년 동안 국민소득과 고용, 공업 생산량 등이 모두 절반 가까이 급감했죠.

이런 상황이 장기적으로 이어지자 전문가들 사이에서 새로운 경제 정책을 요구하는 목소리가 나오기 시작했습니다. 이와 함께 정부는 가능한 경제에 개입하지 않아야 한다는 고전경제학파(애덤 스미스에서 시작되어 맬더스, 리카도, 밀로 이어지는 영국 경제학파)에 반대하며 정부의 개입을 촉구한 영국 경제학자 존 케인스John Keynes(1883~1946)의 이론이 발표되었습니다. 그는 크게 두 가지 골자로 새로운 경제학을 펼쳤습니다.

첫째, 불황의 원인에 대한 고찰입니다. 그는 시장경제 체제에서는 일반적으로 투자가 저축보다 적기 때문에 상품에 대한 총수요가 부족해지고 따라서 불황이 반복된다고 주장합니다. 이를 해결하기 위해서는 결국 기업의 투자가 확대되어야 하죠. 그런데 나빠진 경기 전망 탓에 기업의 투자는 줄어들고 이는 결국 불황을 악화한다는 것입니다. 그는 이 문제의 해결책으로 정부의 개입을 주장했습니다. 불황과 실업 문제를 해결하기 위해 정부가 재정지출을 확대하고 각종 공공사업을 펼친다면 총수요가 증가해 자연스레 선순환이 일어난다는 것이었죠.

물론 그의 주장이 제기되기 전부터 정부의 시장 개입에 대한 고민은 이어져왔습니다. 미국 32대 대통령 프랭클린 루스벨트Franklin Roosevelt(1882~1945)가 추진한 뉴딜 정책이 대표적인 예입니다. 이 정책은 기존의 무제한적인 경제적 자유주의를 수정하고 정부가 경제활동에 적극 개입해 경기를 조정해야 한다는 기본 방침에 따라 정부의 은행 통제를 확대하고 관리통화제도를 도입한 경제 부흥 정책이었습니다. 뉴딜 정책은 케인스의 대표작 《고용, 이자 및 화폐의 일반이론》(약칭 일반이론, 1936)이 출간되기 전인 1933년부터 1차 계획이 추진되었는데요, 그 덕분에 미국은 기나긴 장기 불황의 늪에서 벗어날 기반을 마련하게 되었죠.

제2차세계대전 이후의 경제학은 '현대 경제학의 아버지'라고 평가받는 폴 새뮤얼슨Paul Samuelson(1915~2009)이 이끌었습니다. 그는 시장경제 체제의 위기를 불러일으키는 원인에는 빈부 격차나 불황, 독과점 외에도 도로나 소방, 국방, 치안, 행정과 같은 공공재의 부족이나 환경오염처럼 금전적 보상 없이 남에게만 해를 입히는 외부불경제의 과도한 생산 등이 있다고 주장했습니다. 따라서 정부는 공공재를 생산하고 외부불경제를 규제하는 등의 역할을 할 의무가 있다고 보았죠.

두 사람의 이론을 토대로 대다수 선진국들은 복지국가를 건설하고 1970년대 이후 오랜 기간 번영을 누렸습니다. 하지만 정부의 통화 공급 조절 실패에 따른 인플레이션 발생, 비대해진 정부의 무능과 비리 등 실패와 비판이 잇따르기도 합니다.

이에 국가에 의한 사회정책 집행의 필요성을 인정하는 동시에 자본주의 체제가 가진 자유 기업의 장점을 살려야 한다는 주장이 나타나기 시작했습니다. 자본의 세계화 흐름을 바탕으로 1970년대부터 부각된 신자유주의 정책이 그것이죠. 신자유주의를 옹호하는 사람들은 자유 시장과 재산권 보장, 규제 완화 등을 강조하고 시장 개방을 통한 경쟁 확대를 추구합니다.

물론 신자유주의에 대한 비판도 만만치 않습니다. 2013년 노벨상을 수상한 예일대학교 경제학과 로버트 실러_{Robert Shiller} (1946~) 교수는 "자본주의경제는 규제가 없으면 제대로 작동하지 못한다"면서 "모두가 선의를 갖고 있지는 않으며 모두가 관대하고 공익 정신을 갖고 있는 건 아니기 때문"이라고 이유를 설명합니다. 실제로 신자유주의 정책의 최전선에 선 미국의 경우 사회적 불평등이 악화되었으며 2007년 미국 초대형 모기지론_{Mortgage Loan}(주택담보대출) 대부업체가 파산하면서 시작된 경제 위기 '서브프라임 모기지 사태'의 원인 역시 신자유주의 정책 시행에 따른 부동산 시장의 지나친 규제 완화가 손꼽힙니다.

자, 여기까지 시장의 정부 규제에 대한 두 가지 입장을 살펴보았습니다. 당신은 시장에 대한 정부의 규제가 정당하다는 입장과 그렇지 않다는 입장 중 어느 쪽을 더 지지하나요? 그 이유는 무엇인가요?

나에게 실패란 어떤 의미인가요?

저는 후회할 선택을 하는 것보다 선택에 대해 후회하지 않는 것이 중요하다고 생각합니다. 다시 말해 실패하지 않고 사는 것도 중요하지만 실패한 이후 어떻게 대처하느냐가 더 중요하다는 의미입니다. 이 세상도 마찬가지일 것 같아요. 하나의 경제 이론과 정책이 실패했을 때 그에 대처하려는 또 다른 이론과 정책이 나왔기에 유지되고 있는 것 아닐까요? 당신에게 실패는 어떤 의미가 있나요?

서른여섯 번째 인문학

특정 문화의 가치를
보편적으로 판단할 수 있을까?

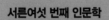

서구 중심주의를 비판한 데리다의 해체주의

●

몇 년 전 한 예능 프로그램에서
아마존의 아메리카 선주민인 우아오라니_{Huaorani} 족이 소개되었습
니다. '최후의 전사 부족'으로 등장한 이들은 현대 문물을 거부
하고 원시적인 방식으로 살고 있는 것으로 묘사되었죠. 하지만
얼마 뒤 이 방송은 조작 논란에 시달렸는데요, 일정 비용을 내
면 원주민 체험을 할 수 있는 관광 상품이 있다는 사실이 알려
졌기 때문입니다. 이와 함께 네티즌들이 찾아낸 사진 속 우아오
라니족 사람들은 지금의 우리와 별로 다르지 않은 모습이었습
니다. 이후 방송을 연출한 담당 PD는 방송에서 다소 과장된 부
분을 사과하면서 실제 우아오라니족은 현대화 정도에 따라 세
단계로 구분되며 단계별로 거주 지역이나 생활방식이 다르다고
설명했습니다. 촬영이 진행된 곳은 일부 현대화되어 어느 정도
서구화된 삶을 살지만 여전히 전통적 방식도 따르고 있는 지역
이었다고 말이죠.

실제로 우아오라니족은 에콰도르 정부에 의해 그들만의 생활

방식을 유지할 수 있도록 보호 및 관리를 받고 있습니다. 그런데 방송에서 우아오라니족의 전통적 모습만을 강조한 이유는 무엇이었을까요? 대부분의 사람들은 현재 자신과는 다른 문화를 가진 이들을 보면 신기해합니다. 비인간적이라거나 미개하다거나 하는 등의 잣대를 들이대기도 하죠. 그런데 과연 특정 문화의 가치를 보편적으로 판단할 수 있는 것일까요?

이 질문에 대답하기 위해 우리가 살펴볼 20세기 프랑스 철학자 자크 데리다Jacques Derrida(1930~2004)는 '해체주의'를 주창한 인물입니다. 해체주의란 텍스트를 읽고 그 본질을 이해하는 방법에 관한 비평 이론인데요, 데리다를 비롯한 해체주의자들은 이를 통해 서구 중심주의를 비판하고 기존의 형이상학을 해체하고자 했습니다. 그의 대표작인 《그라마톨로지에 대하여》(1967)에 나오는 "텍스트 밖에는 아무것도 없다"는 말은 해체주의를 가장 잘 표현하는 것으로 손꼽히죠.

그런데 텍스트 밖에는 아무것도 없다니, 이게 대체 무슨 말일까요? 이 문장을 이해하기 위해서는 데리다 이전의 서구 사회가 문자를 대하는 태도를 살펴볼 필요가 있습니다. 먼저 고대 그리스 철학자 플라톤은 음성언어를 중시했습니다. 그는 진리는 구전을 통해 전해질 수 있다고 믿었고 문자언어를 '죽은 언어'라고 평가절하하기도 했죠. 플라톤은 문자란 오직 지혜의 외양을 제시할 뿐 그 실체는 제시하지 못한다고 보았습니다.

이런 관점은 오랫동안 이어졌습니다. 프랑스 계몽사상가 루소는 문자언어를 현전의 파괴이자 음성언어를 병들게 하는 것이라 비난했고 역시 프랑스의 저명한 인류학자로 구조주의 인류학을 창시한 클로드 레비스트로스Claude Levi-Strauss(1908~2009)는 자신이 연구한 아마존 밀림의 남비콰라Nambiqwara족 문화를 '문자가 없는 순수한 삶'으로 묘사하기도 했습니다.

하지만 데리다는 이 같은 해석에 반기를 들었습니다. 그는 오히려 음성언어가 그간 많은 오해와 착각을 만들어냈다고 주장합니다. 가령 우리는 누군가와 이야기하는 것이 자신의 생각을 보여주는 과정이라고 생각합니다. 현전, 즉 '현재 있음'을 통해 의미가 발생한다고 믿는 것이죠. 그런데 이 과정에서 혼란이 생겨나기도 합니다. 상대방의 말을 제대로 이해하지 못하는 경우처럼 말입니다. 그럴 때 우리는 상대방에게 설명을 요구하거나 적당히 의미를 넘겨짚기도 하는데요, 오히려 그 때문에 말의 의미를 제대로 이해하지 못하거나 왜곡하는 결과를 낳기도 합니다.

데리다에 따르면 이런 혼란, 즉 아포리아aporia는 언어의 기본 속성에 해당합니다. 심지어 그것이 아주 단순한 문장이라 할지라도 말이죠. 이를 설명하기 위해 그는 '차연$_{differance}$'이라는 새로운 용어를 만들었습니다. '지연하다'와 '다르다'의 의미를 모두 지니는 프랑스어 'differer'의 현재분사를 명사화한 단어인데요, 두 의미가 지닌 맥락을 짚어봄으로써 이 용어를 명확하게 살펴볼 필요가 있습니다.

먼저 '지연'이란 다음과 같은 상황을 말합니다. 만약 제가 "이 펜은…"이라고 운을 뗐다고 생각해보죠. 그 뒤에 아마 전 "보라색인데 길이는 15센티미터 정도고…"와 같은 식으로 말을 이어갈 겁니다. '펜'이라는 단어 뒤에 정보가 점점 추가됨으로써 그 의미가 지연되는 것이죠. 다르다는 '차이' 또한 문제를 만들어냅니다. 혹시 펜이 왜 펜인지 설명할 수 있나요? 아마도 없을 겁니다. 펜이라는 단어와 실제 사물 사이에 연계성이 있는 것이 아니기 때문이죠. 단지 펜은 연필, 지우개, 필통과 다르기 때문에 펜입니다. 이런 이유로 우리는 끊임없이 차연의 문제를 겪게 됩니다.

데리다에 따르면 우리가 문자를 읽을 때는 음성언어를 사용할 때의 오류에서 벗어날 수 있습니다. 변명을 하거나 설명을 곁들여줄 상대방이 현전하지 않기 때문에 오히려 텍스트의 모순과 난관, 교착상태 등을 좀 더 자세히 분석할 수 있다는 것이죠.

데리다는 왜 이런 주장을 했을까요? 그가 문자 그대로의 텍스트만 중요하고 실제 세계는 아무것도 아니라는 이야기를 하려 했던 건 아닐 겁니다. 사람들은 그의 의도를 크게 두 가지 정도로 해석합니다.

첫째, 그는 이를 통해 기존의 서구 중심적 사유를 비판하고자 했습니다. 가령 레비스트로스는 남비콰라족을 마치 순수성의 기원처럼 묘사했지만 데리다는 이것이 오히려 서구 중심 사고관이 투영된 해석에 불과하다고 보았습니다. 심지어 글 쓰는 행위를 뜻하는 남비콰라족의 말 '이에카리우케듀투iekariukedjutu'를 레비스트로스는 '선을 긋는 행위'로 평가절하했다고 분석했습니다. 서구인들이 만들어낸 순수성의 신화가 이들에게서 글을 빼앗은 것일 뿐, 애초에 이들 역시 문자를 사용했다는 것이죠.

둘째로 그는 우리가 텍스트를 해체함으로써 그 속에 담긴 정치적·역사적·윤리적 문제를 도출할 수 있다고 보았습니다. 물론 그 과정은 결코 쉽지 않습니다. 지연과 차이, 즉 차연의 문제 때문에 그 의미가 사방으로 비틀릴 가능성이 상존하기 때문입니다.

데리다의 이론을 토대로 우리에게 주어진 질문을 살펴보면 아마도 이런 답이 나오지 않을까 싶습니다. '우리가 보편적이라고 생각하는 가치를 보편적이라고 볼 수 있는지는 미지수다. 오히려 그 또한 누군가의 입장에선 특수한 것 혹은 유별난 가치관이라고 해설할 수 있기 때문이다.' 어떤가요? 당신은 데리다의 입장에 동의하나요, 아니면 그와는 다른 생각을 갖고 있나요?

'다름'은 불평등을 의미할까요?

사람들이 습관처럼 잘못 쓰는 단어 중 하나가 '다르다'와 '틀리다'인 것 같습니다. 다르다고 말해야 할 때 틀리다고 말해버리는 거죠. 하지만 우리는 이 둘의 의미가 전혀 다르다는 것을 알고 있습니다. 다름은 차별의 기준이나 불평등의 잣대가 되어서는 안 되며 인정하고 수용할 수 있는 것이 되어야 한다고 생각합니다. 물론 쉽지 않은 일이지만 다양성이 존중될 때 함께 살아가는 세상을 만들 수 있지 않을까요? 당신은 어떻게 생각하나요?

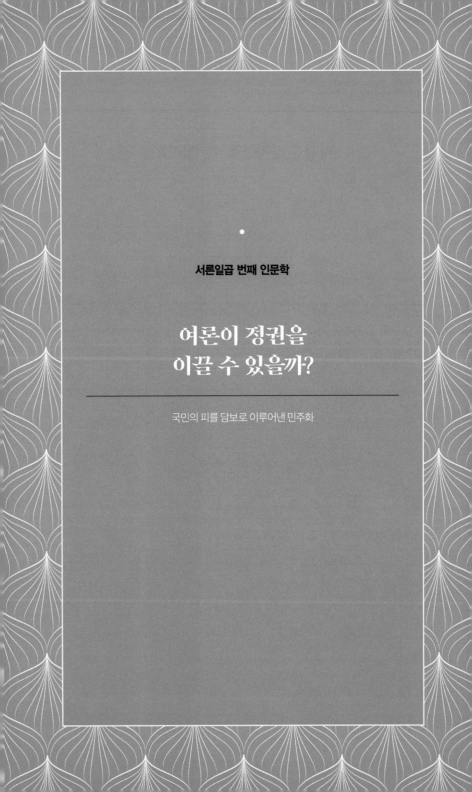

서른일곱 번째 인문학

여론이 정권을
이끌 수 있을까?

국민의 피를 담보로 이루어낸 민주화

●

　　　　　　4년이나 5년 단위로 선거 시즌이 돌아오면 각종 여론조사 결과가 신문과 뉴스, 포털사이트 메인 페이지를 가득 채웁니다. 각 정당의 후보들은 국민의 뜻에 따라 일할 진짜 일꾼이 여기 있다며 목소리를 드높입니다. 하지만 막상 선거가 끝나고 나면 상황은 180도 변한 것처럼 보입니다. 정권, 그러니까 '힘'을 얻은 사람들은 자신의 뜻대로 정책을 집행한 뒤 우둔한 일부가 가장 최선의 정책을 이해하지 못한다고 불평하며 '이게 바로 국민의 뜻'이라고 당당하게 내뱉죠. 과연 이들이 말하는 '국민의 뜻'은 진짜 국민의 뜻, 즉 여론이라고 할 수 있을까요? 그리고 여론을 통해 정권을 이끄는 것이 가능한 일일까요?

　철학자들은 여론의 뜻에 따르는 정치가 좋다고만 생각하지는 않았습니다. 고대 서양철학의 최고봉이라 불리는 플라톤부터 스토아학파, 하이데거에 이르기까지 말입니다. 오히려 여론은 생각과 고민의 부재, 고정 불변하는 것이 아닌 마구 휩쓸리며 변화하는 것으로 간주되었고 철학자들은 이를 다수의 어리석은 민중이 이끄는 정치라는 뜻에서 '중우정치'라 표현했습니다. 민주주의는 본래의 뜻을 잃었고 몇몇의 집단이 숫자만을 앞세워 정치를 이끌어가고 있다는 의미였죠.

사상가에 따라 표현을 조금씩 다르게 사용하기도 했습니다. 플라톤은 다수의 난폭한 폭민들이 이끄는 정치라며 '폭민정치'라 불렀고 그의 제자인 아리스토텔레스는 다수의 빈민이 이끄는 정치란 뜻으로 '빈민정치'라고 불렀습니다. 또한 후기 스토아학파를 대표하는 철학자 세네카Seneca(B.C. 4년경~65)는 "민심에 거스르기만 하면 국민에 의해 망할 것이고 민심에 따르기만 하면 국민과 함께 망할 것이다"라고 말하기도 했습니다.

하지만 여론에 의한 정치가 반드시 나쁜 결과만 가져오는 것은 결코 아닙니다. 대표적인 예가 우리나라의 민주화 과정에서 발생한 여러 운동과 그 결과입니다. 먼저 이승만 정부를 무너뜨린 4월 혁명을 들 수 있습니다. 앞서 4·19혁명을 자유를 위한 투쟁으로 언급했는데요, 여기서 그 과정을 좀 더 자세히 살펴보려 합니다. 1954년 이승만과 자유당 정권은 헌법 개정을 시도했습니다. 당시 헌법은 대통령과 부통령의 임기를 4년으로 정하고 있었고 재선에 의한 중임도 한 번만 가능했죠. 이미 이 임기를 모

두 채운 이승만 정권은 대통령 3선 금지를 해제하고자 헌법 개
정안을 발의했습니다. 결과는 재적 인원 135명의 찬성으로 개정
을 위해 필요한 득표수인 재적 인원 203명의 3분의 2, 즉 136표
에서 한 표가 모자랐습니다. 그러자 자유당은 203명의 3분의
2는 135와 3분의 1이므로 사사오입, 즉 반올림에 따라 헌법 개
정에 필요한 찬성표 수는 135가 맞는다고 억지 주장을 펼치기
시작합니다. 일명 '사사오입 개헌'이 이루어진 것이죠.

이어 진행된 1956년 제3대 정부통령 선거에서 야당의 강력한
도전을 맞이한 이승만 정권은 1960년 제4대 정부통령 선거에서
각종 부정을 저지릅니다. 야당 참관인들을 갖은 핑계로 투표장
에서 끌어내고 투표자들을 3인 1조로 투표하게 하거나 투표지
를 투표함에 넣기 전 자유당 측 참관인에게 보여주게 하기도 했
습니다. 그러고도 모자라 자유당 표로 가득한 투표함을 미리 만
들어두는 꼼수를 저지르죠. 이른바 3·15부정선거였습니다.

결국 정권에 저항하는 시위가 일어나기 시작했습니다. 특히
시위에 참가했다가 행방불명된 마산상고 김주열 학생이 실종
27일 만인 4월 11일 마산 앞바다에 떠오르자 시위는 전국으로
확산됩니다. 4월 19일 서울에서 부정선거를 규탄하는 시위가 절
정에 이르렀고 마침내 4월 26일 이승만의 대통령 사임과 하와

이 망명으로 자유당 정권은 막을 내렸죠.

1987년 6·10민주항쟁도 여론이 변화를 이끈 예입니다. 1979년 12·12사태로 박정희 전 대통령에 이어 권력을 잡은 전두환 정권도 장기 집권을 꿈꾸었습니다. 1987년 4월 전두환 당시 대통령은 시국 혼란을 구실로 모든 개헌 논의를 금지하는 4·13호헌 조치를 단행합니다. 여야가 합의한다면 개헌할 용의가 있지만 야당이 억지를 부려 합의가 불가능하니 간선제인 현행 헌법을 고수하겠다는 것이 주요 내용이었죠. 이에 직선제 개헌과 민주화를 요구하는 시위가 시작되었습니다. 5월에는 민주화운동 진영에 의해 '민주헌법쟁취국민운동본부'가 발족되었고 천주교 정의구현전국사제단에 의해 박종철 고문치사 사건의 조작·은폐 사실이 공개되었습니다. 마침내 1987년 10월 대통령 직선제와 국민 기본권 강화 등을 골자로 한 현행 헌법이 공포됩니다. 헌법 재판소 설치와 지방자치 실현 조항도 신설되거나 복구되었죠.

그럼 다시 질문으로 돌아가 보겠습니다. 과연 여론은 정권을 이끌 수 있을까요? 앞서 살펴본 민주화 쟁취는 국민의 피를 담보로 정권의 변화를 이끌어낸 예에 해당합니다. 누군가의 희생 없는 변화, 대규모 항쟁이나 시위가 아닌 오직 '여론'만으로 정권의 변화를 이끄는 것은 가능할까요? 당신의 생각은 어떤가요?

왜 투표를 해야 할까요?

투표는 우리의 권리입니다. 우리가 우리의 정치적 의사를 지금처럼 자유롭게 표현할 수 있기까지 싸워온 많은 이들을 생각해봅니다. 제게는 단 한 표가 주어질 뿐이지만 그 표에는 앞으로 4년 또는 5년간 저의 삶이 안전하고 행복할 수 있을지를 결정하는 힘이 있습니다. 설사 우리가 지지하는 정치인이 당선되지 못하더라도 투표는 국민이 지켜보고 있음을 보여줄 수 있는 가장 강하고 정확한 힘이므로 반드시 그 권리를 행사해야 한다고 생각합니다. 당신은 어떤가요?

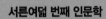

서른여덟 번째 인문학

정치에 관심이 없어도
도덕적으로 행동할 수 있을까?

정치와 도덕을 분리하려 한 마키아벨리와 베버

●

정치는 우리 삶을 구성하는 중요한 요소 중 하나입니다. 우리는 하룻밤 새 바뀐 부동산 정책에 영향을 받기도 하고 친구나 가족과 모인 자리에서 정부의 각종 행정을 논하거나 선거에서 누구를 뽑아야 할지 각자의 기준을 말하기도 합니다. 우리가 이렇게 행동하는 데는 이런 인식이 일부 깔려 있습니다. 바로 '정치에 관심을 갖는 사람이 도덕적이다'라는 생각 말이죠. 선거 시즌만 되면 뉴스 오프닝에 등장하는 플라톤의 "정치를 외면한 대가는 가장 저질스러운 인간들에게 지배당한다는 것이다"라는 말처럼 우리는 정치에 관심을 갖는 것이 곧 우리 사회의 발전을 위한 길이라고 생각합니다. 다시 말해 정치에 대한 관심은 개인의 권리이자 우리 사회를 위한 행동이며 나아가 정치에 무관심한 사람은 (사회 발전에 무관심한 것이기 때문에) 비도덕적이라는 생각을 하는 것입니다. 그런데 과연 정치와 도덕이 우리 생각처럼 밀접한 관계를 지니고 있을까요?

사실 정치철학, 특히 근세 이후의 사상들을 살펴보면 정치와 도덕을 분리해 설명하는 경우가 많습니다. 심지어 학자들 중 상당수는 정치와 도덕이 분리됨으로써 현대의 정치학이 성립되었으며 봉건제와 종교 중심의 중세적 세계관에서도 탈피할 수 있었다고 말하죠. 오늘은 가장 먼저 이런 주장을 펼친 사상가부터 만나보고자 합니다. 바로 《군주론》의 저자로 잘 알려진 15~16세기 이탈리아 철학자 니콜로 마키아벨리Niccolo Machiavelli(1469~1527)입니다.

마키아벨리가 정치와 도덕을 분리하고자 한 이유를 이해하기 위해서는 그의 삶과 그가 살았던 시기 이탈리아의 상황을 살펴볼 필요가 있습니다. 당시 이탈리아에서는 밀라노 공국과 베네치아공화국, 로마교황청, 나폴리왕국, 피렌체공화국이라는 다섯 개의 도시국가를 중심으로 30여 개의 작은 소국들이 통합과 분열을 반복하고 있었습니다. 마키아벨리는 가정환경이 그리 여유롭지는 못했지만 학문에 있어서는 누구보다 열성적인 아버지 밑에서 자랐는데요, 그 덕에 어릴 때부터 고대 그리스·로마의 인문학을 공부했고 일곱 살이 될 무렵에는 라틴어 공부를 시작했다고 하죠. 이런 조기교육 덕분인지 마키아벨리는 젊은 시절부터 주목받는 인재로 성장해 29세가 되던 해에는 피렌체공화국의 가장 중요한 임무인 '외교사절' 역할을 맡았을 정도였습니다.

피렌체에서 외교술이 중요한 자질로 여겨진 이유는 내세울 만한 영토나 군사력이 부족했기 때문이었습니다. 하지만 힘이 없는 국가의 외교술에는 한계가 있는 법이고 피렌체 역시 마찬가지였습니다. 그 대표적인 사건이 피사와의 전쟁이었죠. 당시 피렌체는 독립을 선언한 항구도시 피사를 되찾기 위해 용병을 고용하고 프랑스에 지원군을 요청한 상황이었습니다. 내륙의 상업도시였던 피렌체가 경제활동을 하기 위해서는 항구도시 피사가 반드시 필요했으니까요. 국가의 흥망이 결정된다고 해도 과언이 아닌 전쟁이었죠. 하지만 용병들은 성벽을 무너뜨리고도 퇴각을 선택합니다. 상대적으로 위험 부담이 큰 시가지 전투를 포기한 것입니다.

이 일을 계기로 마키아벨리는 군비 강화를 비롯해 힘에 기반한 집권에 깊은 관심을 갖게 됩니다. 강력한 군주제 국가들에 둘러싸인 상황에서 피렌체공화국, 나아가 이탈리아의 모든 도시국가들이 도덕적 명분만으로는 스스로를 지킬 수 없다고 판단했던 것이죠. 그는 국가 구성원, 즉 시민들의 자유와 평등을 지켜주는 것이 공화정의 도덕적 목표가 되는 것과는 별개로 도덕적으로 정당화되는 정책만을 집행하는 것은 결코 그 목표를 달성하는 데 도움이 되지 못한다고 여겼습니다.

그 결과 마키아벨리는 모든 국가의 주요한 토대로 '법률'과 '군대'를 말합니다. 그리고 훌륭한 군대가 없다면 훌륭한 법률을 갖출 수 없으며 훌륭한 군대가 있는 곳에는 훌륭한 법률이 있기 마련이므로 잘 조직된 군대를 갖는 것이 중요하다고 강변합니다. 그에 따르면 군주는 전쟁과 관련된 전략 수립이나 군사훈련 외에는 그 어떤 일도 목표로 삼거나 관심을 가져서는 안 되며 또 연구해서도 안 됩니다. 전쟁에 관한 것이야말로 통치하는 자에게 어울리는 유일한 기술이기 때문이죠. 무력을 갖춘 자와 그렇지 못한 자 사이에는 어떤 공평함도 있을 수 없습니다. 그러므로 군주는 언제나 전쟁에 관심을 집중해야 하고 전시보다 평화로운 시기에 더욱 많은 준비를 해두어야만 합니다.

이와 함께 군주는 용기가 있어야 합니다. 인색하다는 평판을 두려워해서도 안 되고 군대와 함께 있거나 많은 병력을 지휘하고 있을 때는 잔혹하다는 평판을 두려워해서는 안 됩니다. 함정을 파악하는 여우의 꾀와 상대를 제압할 사자의 성품도 모두 갖추고 있어야 하죠. 또 약속을 지키지 못하는 데 대한 정당한 이유들을 언제든지 만들어낼 수 있어야 하고 상황에 따라 자신의 태도나 성품을 바꿀 줄 알아야 합니다. 새로운 법률과 제도를 만들고 군대를 양성해야 하며 언제나 희망을 가져야 하죠.

19~20세기를 살아간 독일 사회과학자 막스 베버 Max Weber (1864~1920)도 이와 비슷한 주장을 펼친 인물입니다. 그는 제1차 세계대전에서 독일이 패한 후 공화정 이행을 성공시키고 좀 더 유리한 조건으로 강화조약을 체결할 수 있는 지도자가 필요하다고 역설했습니다. 따라서 새로운 지도자는 독일이 일으킨 전쟁을 도덕적으로 판단하지 않는 인물이자 다시 군주정체로 돌아가는 것을 막을 수 있을 만큼 뛰어난 선동가여야 한다고 주장했죠. 바이마르헌법의 기초를 맡은 위원회의 일원이 된 베버는 이런 자신의 생각을 그대로 펼쳤습니다. '공공의 안녕과 질서에 중대한 장애가 발생하거나 발생할 우려가 있을 때에는 공공의 안녕과 질서를 회복하기 위하여 필요한 조치를 취하며, 필요한 경우에는 병력을 사용할 수 있다'는 바이마르헌법 제48조의 삽입을 지지한 것입니다.

물론 이들의 주장이 반드시 좋은 결과만 얻은 것은 아닙니다. 마키아벨리의 주장에 충격 받은 사람들은 그가 '악의 교사임을 부인할 수 없다'며 손가락질했고 베버가 제정한 헌법 조항은 제2차 세계대전 전범인 히틀러 정부가 반대파를 억압하고 독재 권력을 얻는 데 도움이 되었으니까요.

하지만 그럼에도 정치와 도덕을 분리하려 한 이들의 주장에는 분명 매력적으로 느껴지는 부분이 있습니다. 아무리 미사여구로 포장하려 해도 정치는 결국 현실이기 때문이죠. 도덕적으로 훌륭하다고 해도 결과가 좋지 못하면 그 정책이나 선택은 사람들의 지지를 받을 수 없습니다.

자, 그럼 다시 질문으로 돌아가 보죠. 정치인이라는 직업을 갖지 않은, 그러나 정치와 결코 떨어진 채 살아갈 수 없는 우리는 정치에 관심을 두지 않고도 도덕적으로 행동할 수 있을까요? 당신의 생각은 어떤가요?

인간의 국가에 대한 의존도는 얼마나 될까요?

국가가 없으면 국민도 없다는 점에서 보면 의존도는 100퍼센트일 것 같습니다. 일제강점기를 살았던 조상들이나 최근의 난민 문제를 볼 때면 국가의 중요성이 더 크게 다가오기도 합니다. 하지만 국가가 분명히 존재하는데도 그 존재를 인식조차 하지 않고 살 수 있는 세상이야말로 태평성대라고 하기도 하죠. 국민들이 나라 걱정 없이 개개인의 행복에만 집중하며 사는 날이 올지 궁금해집니다. 당신은 국가에 대한 의존도가 얼마나 된다고 생각하나요?

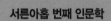

서른아홉 번째 인문학

정의의 요구와 자유의 요구는 구별될 수 있을까?

자유를 위해 정의를 요구한 사르트르의 실존주의

●

      이 질문에 답하기 전에 먼저 두 핵심 단어, 즉 '정의'와 '자유'의 의미를 확인할 필요가 있을 것 같습니다. 앞서 여러 번 살펴보긴 했지만 언제나 철학의 정도는 용어의 올바른 이해와 사용에서 시작되니까요.

  먼저 정의는 '개인 간의 올바른 도리 또는 사회를 구성하고 유지하는 공정한 도리'라는 의미를 지닙니다. 이 말을 좀 더 간략하게 정리한다면 사람들이 함께 살아가는 데 필요한 도리를 뜻한다고 할 수 있겠죠. 반면 자유는 '구속이나 무엇에 얽매이지 아니하고 자기 마음대로 할 수 있는 상태'를 뜻합니다. 정의와 달리 개인에 좀 더 초점이 맞춰진 단어임을 알 수 있습니다. 그렇다면 정의의 요구는 자유의 요구와 구별될 수 있을까요? 다시 말해 개인의 자유에 대한 요구가 타인이나 사회적 도리에 대한 실현 요구와 구별될 수 있는 걸까요?

  프랑스 실존주의 철학을 대표하며 노벨문학상을 수상하기도 한 철학자 사르트르는 정의와 자유의 요구가 구별될 수 없다고 본 인물입니다. 그는 1905년 프랑스 파리에서 태어났습니다. 프랑스 해군의 기술 장교였던 아버지는 사르트르가 두 살이 되던 해에 전쟁 후유증으로 사망했기 때문에 그는 아버지 없이 성장할 수밖에 없었습니다. 불우한 환경이라고 생각할 수도 있지만 사르트르는 이 일이 자신에게 축복이었다고 이야기합니다. 어린 시절 자유로운 생활과 사고를 억압받지 않을 수 있었기 때문이죠. 이에 관해 사르트르는 훗날 "만약 내 아버지가 오래 살았다면 그는 내 머리 위에 군림하며 나를 억압했을 것이다. 나는 내 위의 어떤 존재도 인정하지 않는다"라는 말을 남기기도 했습니다.

20세기 초를 살아간 대부분의 사람들이 그랬던 것처럼 사르트르 역시 전쟁의 영향에서 자유롭지 못했습니다. 제2차세계대전이 일어나자 그는 군대에 소집됩니다. 직책은 기상 관측병이었죠. 하지만 그는 전투 한번 제대로 해보지 못하고 포로가 되었는데요, 수용소로 끌려가서는 장애가 있는 척 행동해 1년여 만에 풀려날 수 있었다고 합니다. 그리고 이때의 경험은 그를 적극적인 사회참여의 길로 이끕니다. 자유를 억누르는 존재가 있는 한 인간은 결코 자유로울 수 없음을 깨닫게 된 것입니다. 그는 이들 세력에 대항해 싸우기로 결심하고 독일군을 겨냥한 비밀

레지스탕스에 참여하기도 합니다.

전쟁이 끝난 뒤에도 사르트르는 자유를 위한 투쟁에 기꺼이 투신했습니다. 프랑스 보호령이었던 알제리가 독립 전쟁을 일으키자 알제리를 지지하는 투쟁에 가담했고 미국의 베트남 참전 반대 활동과 샤를 드골Charles De Gaulle (1890~1970)의 독재 정권 저항 운동인 68혁명에도 적극적으로 참여했습니다. 심지어는 1974년 김지하 시인이 박정희 독재 정권에 저항하던 중 구속되어 사형 선고를 받자 보부아르, 촘스키, 오에 겐자부로 등의 저명인사들과 함께 시인의 석방 요구서에 서명하기도 했습니다. 말 그대로 인간의 자유를 위해 목소리를 아끼지 않은 '현실 참여적' 철학자가 바로 사르트르였던 것입니다.

사르트르가 이렇게 행동하는 데는 어떤 철학이 바탕이 되었을까요? 위에서 언급했듯 그는 프랑스 실존주의의 대표 주자로 알려져 있습니다. 실존주의는 간단히 말해 개인으로서의 인간의 주체성을 강조하는 철학인데요, 사르트르의 사상을 이해하기 위해 먼저 그가 쓴 소설 《구토》(1938)의 줄거리를 알아보겠습니다.

소설의 주인공 앙투안 로캉탱은 부빌Bouville 에서 별다른 일을 하지 않은 채 살아갑니다. 프랑스대혁명 전후 혼란기의 어떤 인물을 연구하고 있지만 이미 답보 상태인 지 오래고 사회적 관계 또한 호텔 여주인과의 섹스, 그에게 관심을 갖고 접근한 '독학자'와의 대화가 전부입니다.

그러던 어느 날 그는 해변에서 조약돌을 줍게 됩니다. 그런데 그 순간 무언가 구역질이 날 것 같은 느낌을 받고 조약돌에서 손을 떼어버리죠. 구역질은 이후에도 계속됩니다. 물웅덩이의 종잇조각을 주우려고 할 때, 마로니에 나무뿌리를 보았을 때, 카페 종업원의 벨트가 셔츠 주름 사이로 보일 듯 말듯했을 때 등등 시도 때도 없이 토기가 그를 엄습합니다. 증세를 가라앉히는 방법은 하나뿐입니다. 바로 낡은 재즈 레코드를 듣는 것이죠.

여기서 다시 철학 이야기로 돌아가보겠습니다. 그의 철학은 흔히 '실존이 본질에 앞선다'는 명제로 대표됩니다. 여기서 본질이란 존재의 이유와 목적을, 실존은 '그저 있음'을 의미합니다. 간단한 예를 들어보죠. 지금 우리 앞에는 책이 놓여 있습니다. 이 책은 존재상으론 그저 '책'이며 본질적으론 '일정한 목적, 내용, 체재에 맞추어 사상, 감정, 지식 따위를 글이나 그림으로 표현하여 적거나 인쇄하여 묶어놓은 것'을 의미합니다. 책은 존재 그 자체보다는 그것이 만들어지는 목적이 더 중요합니다. 다시 말해 본질이 먼저 주어지고 이후에 존재가 형성되는 것이죠. '사물의 본질은 실존에 앞선다'고 볼 수 있습니다.

반면 인간은 다릅니다. 그 누구도 미래의 구체적인 삶의 방향이 정해진 채로 태어나지 않죠. 즉, 인간이란 본질이 규정되지 않은 채 세상에 던져진 존재입니다. 따라서 인간은 본질로부터 자유로울 수 있으며 이 자유로움을 바탕으로 스스로 자신의 미래를 선택하고 삶의 의미를 만들어갈 수 있습니다. 인간의 존재, 즉 실존은 본질에 앞섭니다.

《구토》에서 로캉탱이 토기를 느낀 이유는 그가 실존의 부재 상태에 머물기 때문입니다. 그는 아무런 사회적 역할도 하지 않고 스스로의 존재 이유도 찾지 않은 채 그저 살아갈 뿐입니다. 이렇듯 아무 목적 없이 세상에 던져져 있다는 느낌과 무의미에서 오는 허무감이 구토를 일으키는 것이죠. 마지막 순간 로캉탱은 다시 한 번 자신이 좋아하는 재즈 레코드를 재생합니다. 그리고 그 곡을 만든 이는 "존재한다는 죄로부터" 깨끗해졌다고 느끼게 됩니다. 자신도 가능하다면 그런 작품을 남기고 싶다는 생각과 함께 말입니다.

다시 처음의 질문을 생각해볼까요? 이 질문은 우리가 도입에서 확인한 것처럼 개인의 권리와 사회 유지를 위한 도덕의 요구가 구별될 수 있는지 묻고 있습니다. 만약 사르트르의 삶과 사상에 공감한 사람이라면 '둘은 구별될 수 있는 성질의 것이 아니고 오히려 우리가 생각하는 것보다 훨씬 더 밀접한 관계에 있다'는 대답을 할 것입니다. 반면 둘 중 하나를 더욱 중요하게 여긴다면 이와는 다른 대답을 내놓을 수도 있겠죠. 당신의 생각은 어떤가요? 정의의 요구와 자유의 요구는 구별될 수 있을까요?

인간은 과거보다 현재를 더 잘 알고 있을까요?

인간은 과거를 잘 알지 못할 뿐 아니라 현재는 더더욱 알 수 없고 미래는 짐작조차 할 수 없는 것 같습니다. 사르트르의 말대로 우리는 미래의 방향이 정해지지 않은 채 태어났으니까요. 이 대답대로라면 과거보다 현재를 더 잘 알지는 못하는 셈이겠네요. 실제로 어떤 일은 그 일을 겪던 당시가 아니라 한참의 시간이 흐른 후에 그 의미를 깨닫는 경우도 있는 것 같습니다. 그렇게 깨달은 의미를 현재에 적용해 미래에는 좀 더 현명한 선택을 할 수 있길 바랄 뿐입니다. 당신은 어떤가요?

전쟁 없는 세상은
가능할까?

필요악으로의 전쟁과 칸트의 영구평화론

∙ ˙

우리나라 외교부에서는 해외안전여행 사이트를 통해 단계별 여행경보를 발령하고 있습니다. 총 4단계로 1단계는 남색경보(여행유의 지역), 2단계는 황색경보(여행자제 지역), 3단계는 적색경보(철수권고 지역), 마지막 4단계는 흑색경보(여행금지 지역)입니다. 이 중 4단계인 흑색경보 지역은 아프가니스탄, 이라크, 시리아, 리비아 등으로 내전을 포함해 현재 전쟁 중인 지역인데요, 6·25 이후 직접 전쟁을 겪어보지 않은 세대에게는 영화나 뉴스에서만 접하게 되는 위험일지도 모르겠습니다. 사실 우리나라 역시 종전국이 아닌 휴전국으로 외국에서는 북한과 관련된 뉴스를 보면 우리 국민들보다 더 두려워한다고 하기도 하죠.

전쟁이 일어나는 이유는 다양합니다. 종교나 사상이 원인일 때도 있고 영토를 둘러싸고 발생할 때도 있습니다. 전쟁사에서는 약 50만 년 전 원시사회에서 언어를 사용하기 시작한 무렵부터 전쟁이라고 할 수 있는 집단투쟁이 시작되었다고 추정합니다. 그럼 전쟁은 인류가 존재하는 한 영원히 계속되는 걸까요?

고대 그리스 철학자로 만물의 기원을 '불'이라 본 헤라클레이토스_{Heracelitos}(B.C. 540년경~B.C. 480년경)는 "전쟁은 만물의 아버지이며 만물의 왕이다"라고 말했습니다. 그는 전쟁을 인간이 경험할 수 있는 최고의 아곤_{Agon}, 즉 경쟁이라고 주장했는데요, 이는 세계 속에는 서로 상반하는 것들의 다툼이 있고 만물은 이와 같은 다툼 속에서 생겨난다는 그의 철학에서 기인하죠.

'2,500년도 더 지난 과거의 철학자 생각이니 그런 거 아닐까?' 하고 생각했다면 큰 오산입니다. 근대 이후 수많은 서양철학자들도 전쟁을 부정하거나 거부하기보다 국가를 운영하면서 불가피하게 발생할 수밖에 없는 일종의 필요악으로 간주했거든요.

우리에게 '만인의 만인에 대한 투쟁'이라는 말로 유명한 사회철학의 아버지 홉스는 앞서 보았듯 일종의 자연 상태를 가정했습니다. 자연 상태란 정치사회가 형성되기 이전의 상태를 가리키는 말로 홉스는 이 자연 상태가 모든 사람이 모든 타인과 싸우는 전쟁 상황이었다고 설명합니다. 그리고 상호 불신과 경쟁, 명예욕을 전쟁의 가장 중요한 원인이라고 주장했죠.

프로이센왕국의 군인이자 사상가였던 카를 폰 클라우제비츠_{Carl von Clausewitz}(1780~1831)는 《전쟁론》(1832)이라는 책을 통해 정치에 관한 사상을 설파한 인물입니다. 이 책은 출간 이후 오랜 기간 수많은 군사 전략가들에게 전술 연구의 고전으로 높이 평가받았으며 정치인들이 전쟁과 정치를 이해하기 위해 탐독한 이론서로도 각광받았죠.

클라우제비츠는 전쟁을 정치와 사회, 이념 등 다양한 요소들이 상호작용하면서 발생하는 복합적인 현상이라고 보았습니다. 그리고 전쟁의 발발을 인간사에서 피할 수 없는 현상이라고 정의하는데요, 그렇기에 전쟁에 대한 철학적 정의나 가치 평가보다는 어떻게 하면 더 효과적으로 전투를 수행하고 적에게 승리할 수 있을지를 고민했죠.

클라우제비츠와 동시대 철학자인 헤겔의 전쟁관도 논란이 되기는 마찬가지였습니다. 그는 전쟁을 마치 규칙을 철저하게 지키는 신사들 간의 결투 같다고 묘사했습니다. 이는 전쟁이 양산한 참혹함을 무시한 비현실적인 생각이었죠. 헤겔의 철학은 20세기 전체주의가 등장하는 데 중요한 사상적 배경을 형성합니다. 물론 그가 살았던 시대적 상황(프랑스대혁명을 비롯해 유럽의 모든 것이 분열되고 있었죠)과 비전투원에 대한 공격 금지 같은 국제법 준수를 강조했다는 점 등을 염두에 둘 필요는 있지만 그의 철학이 불러온 파장을 무시할 수는 없습니다.

모든 철학자들이 전쟁을 '어쩔 수 없다'고 생각한 것만은 아닙니다. 칸트가 대표적인 예인데요, 그는 1795년 자신의 저서《영구평화를 위하여 Zum ewign Frieden》를 통해 '영구평화론'이라는 개념을 제시했습니다. 전쟁은 어떤 경우에도 이성과 합치될 수 없다며 이를 제도적으로 방지하는 방안을 내놓았죠. 그중 하나로 모든 국가를 구성원으로 하는 국제연맹을 창설하고 국가의 모든 구성원에게 세계시민권이라는 동등한 권리를 부여해야 한다고 주장했습니다.

이제 질문에 대답할 차례입니다. 영국 수리물리학자이자 평화주의자였던 루이스 리처드슨 Lewis Richardson (1881~1953)은 세계 각국의 백과사전과 역사서를 토대로 1820년부터 1952년 사이에 끝난 315건의 '치명적 싸움'에 관한 데이터를 모았습니다. 그리고 이 중 60퍼센트는 전쟁이 일어나지 않을 가능성이 충분히 있었다고 결론지었죠. 심지어 제1차세계대전의 경우 전쟁의 시작점이었던 오스트리아와 세르비아 양국 모두 세계대전을 원하지 않았다는 사실을 발견했고요. 그럼에도 전쟁이 일어난 이유는 무엇일까요? 전쟁 없는 세상은 과연 가능할까요? 만약 가능하다면 그 가능성은 무엇에서 시작될까요?

평화와 불의가 함께 갈 수 있을까요?

질문에 답하기 전 온전한 평화라는 것이 있는지 묻게 되네요. 지금 우리가 사는 세상도 겉으로는 평화로워 보일 때가 있지만 보이지 않는 곳에서 코로나19라는 전염병과 맞서 싸우는 사람들이 있고 또 지구 어딘가에는 총포가 난무하는 전쟁으로 고통 받는 이들도 있으니까요. 보이지는 않지만 지금도 불의와 싸우는 사람들이 있기에 이만큼의 평화를 유지할 수 있는 것 아닐까 생각해봅니다. 당신은 어떻게 생각하나요?

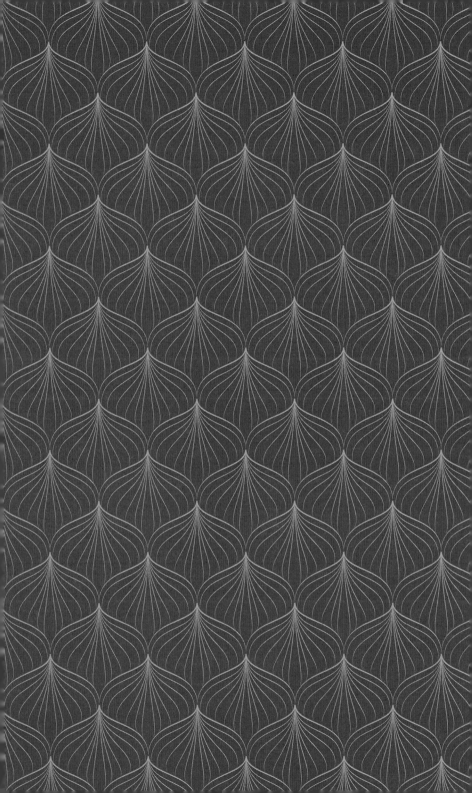

PART 5

과학과
예술에
대하여

마흔한 번째 인문학

과학적으로 증명된 것만을
진리로 받아들여야 할까?

과학을 최고의 인식 형태로 본 해리스의 과학주의

·

　　　　　포털사이트에서 과학과 진리라
는 단어를 조합해 검색해보면 종교계에서 제작한 영상이나 기
사가 상단에 노출되는 것을 볼 수 있습니다. 종교인들은 다양한
방법을 동원해 과학적으로 증명된 것만이 진리는 아니라고 주
장합니다. 세상에는 과학으로 증명할 수 없는 일이 많다는 것을
주된 근거로 내세우죠.

　가장 자주 사용되는 예는 도덕적 가치에 대한 진술입니다. 이
들은 우리가 선과 악을 과학적으로 증명할 수 없다고 봅니다. 그
런데도 우리는 선과 악의 차이를 구분할 수 있고 이를 바탕으로
행동한다는 것이 종교적 가치를 중시하는 사람들의 주장이죠.
수학도 과학적으로 증명할 수 없다고 주장하는 경우도 있습니
다. 수학은 그것이 진리라고 가정하고 전개되는 학문일 뿐 수학
이 진리임을 인정하는 것은 별개의 문제라는 것입니다. 이들은
숫자라는 개념은 우리의 인식이나 생각에 존재하는 실재이지만
과학적으로는 증명할 수 없다고 봅니다. 예술적인 가치도 비슷

한 맥락입니다. 과학적으로 보았을 때 음악은 고막을 진동시키는 주파수일 뿐이며 그림은 빛의 반사된 장면에 불과한데 인간이 이를 아름답다고 느끼고 기쁨과 행복감을 얻는 이유는 과학적으로 설명이 불가하다는 것입니다.

하지만 종교적 입장과는 별개로 과학은 인류 문명의 발전과 그 궤를 함께하고 있습니다. 과학의 발전에 따라 우리는 편리를 얻었고 다른 생물과는 차별되는 인간만의 특징을 부여받게 되었죠. 우리는 과학을 믿고 이를 통해 좀 더 나은 세계로 나아갈 것임을 믿어 의심치 않습니다.

과학에 힘입어 인류의 발전이 거듭되자 과학적으로 증명된 것만을 진리로 간주할 수 있다는 인식도 차츰 그 영역을 넓히고 있습니다. 과학주의 또는 영어식 표현을 그대로 가져와 '사이언티즘scientism'이라 불리는 사고인데요, 과학을 인간이 가질 수 있는 최고의 인식 형태로 간주하고 모든 문제는 과학에 의해 해결될 수 있다고 주장하는 입장입니다. 이는 '과학 지상주의' 혹은 '과학만능주의'라고 불리기도 하며 일부는 기존의 자연과학 영역을 넘어 인간의 내면, 도덕성, 사회적 문제도 과학적 방법론을 통해 해석과 해결이 가능하다고 강변합니다.

대표적인 인물로는 철학자이자 인지신경과학자인 샘 해리

스_{Sam Harris}(1967~)를 들 수 있습니다. 우리나라에도 《신이 절대로 답할 수 없는 몇 가지》, 《신 없음의 과학》 등 그의 저서가 소개되어 있는데요, 제목이 그의 사상 일부를 보여주는 듯합니다.

해리스는 과학이 도덕적 질문에도 답할 수 있다고 주장합니다. 오히려 과학과 인간의 가치를 분리하려는 시도는 오해에서 비롯된 것이고 상당히 위험한 사고방식이라고 이야기하죠. 그는 가치란 의식을 가진 개체의 행복에 관한 일종의 '사실'이라고 설명합니다. 가령 우리가 바위에 연민을 느끼지 않는 이유는 그것이 고통을 느낄 수 없다고 생각하기 때문이고 곤충보다는 우리와 같은 영장류를 더 걱정하는 이유는 그들이 잠재적인 행복과 고통에 좀 더 많이 노출되어 있다고 생각하기 때문이라는 것입니다. 해리스는 이것이 옳을 수도, 틀릴 수도 있지만 그와 별개로 이것은 '사실적 주장'에 해당한다고 말합니다.

이와 함께 해리스는 우리 사회가 이미 도덕적 판단을 내릴 때 과학적 방법을 사용하고 있다고 설명합니다. 이를테면 우리는 어떤 상황에서 인간이나 여타 생물이 고통을 느끼는지 알고 있고 이를 수치화해 설명합니다. 그리고 고통을 정의하기 위해 뇌과학과 신경과학 지식을 활용하죠.

그러나 과학주의에 대한 비판도 만만치 않습니다. 과학에 대한 맹목적 믿음이 오히려 과학 발전과 사회 진보에 해가 될 수 있다는 주장이 그것입니다. 핵물리학자이자 과학과 종교적 신념의 화해가 가능하다고 주장하는 이안 허친슨Ian Hutchinson(1951~)은 과학에 대한 맹신이 "여타 학문을 위험에 처하게 하고 지적인 오만함과 괴롭힘의 대가로 (과학이) 다른 학문 공동체들로부터 외면당하는 결과"를 가져올 것이라고 말합니다. 과학만으로 세상을 모두 설명하는 것은 불가능하며 그렇기에 다른 학문이나 과학으로 설명할 수 없는 것들에 대한 이해와 존중이 필요하다는 것이죠.

이제 질문으로 돌아가 보겠습니다. 만약 도덕을 포함한 모든 것이 과학으로 증명 가능하다(혹은 가능해질 것이다)고 생각하는 분이라면 지금은 아니더라도 결국에는 우리가 과학적으로 증명된 것만을 진리로 받아들이게 될 날이 오리라고 생각할 겁니다. 반면 반대 의견을 가진 분이라면 과학적으로 증명되지 않은 것도 진리로 간주될 수 있다는 입장을 보일 테고요. 당신의 생각은 어떤가요? 우리는 과학적으로 증명된 것만을 진리로 받아들여야 할까요?

학창 시절 내가 가장 힘을 기울인 것은 무엇인가요?

분명 공부는 아니었습니다(웃음). 만화를 좋아했고 게임을 좋아했고 연극도 좋아했죠. 아, 한때 수학을 좋아해서 수학 선생님을 꿈꾼 적도 있긴 했네요. 하지만 연극을 시작하면서 연기자의 길을 걷게 되었고 배우라는 현재 직업에 후회는 없습니다. 중요한 건 과거에 열심히 했던 일이 아니라 현재의 내가 꿈꾸는 것들을 위해 노력하고 있느냐 아닐까요. 과학적으로 증명되진 않았지만 이것이 제가 믿는 진리 중 하나입니다. 당신은 학창 시절 무엇에 가장 힘을 기울였나요?

마흔두 번째 인문학

오류는 진리를 발견하는 과정에서
어떤 역할을 할까?

진리는 오류의 반증을 통해 성장한다는 포퍼의 비판적 합리주의

•

진리와 오류 사이에는 어떤 관계
가 있을까요? 이는 인류의 역사가 시작된 이래 수없이 제기되어
온 질문입니다. 시대와 국적, 나이, 사상을 불문하고 수많은 사
람들이 자기 나름의 답을 내놓았지만 아직까지 확고부동한 답
은 없어 보입니다.

역사상 최고라 찬사받는 철학자들도 각기 다른 견해를 보였
습니다. 서양 근대철학의 아버지라 불리는 17세기 프랑스 철학
자 데카르트는 "진리란 오류의 반대"라는 주장을 펼쳤고 현대철
학의 원천이라는 19세기 독일 철학자 헤겔은 반대로 "진리와 오
류의 관계를 흑백논리와 같은 단순한 대립으로 이해해서는 안
된다"는 입장을 견지한 것이 대표적인 예입니다.

그러나 두 철학자가 진리와 오류의 관계를 다르게 정의했다고
해서 진리를 얻는 데 오류가 무의미하다고 보기는 어렵습니다.
넓게 보면 진리와 오류에 대응된다고 할 수 있는 성공과 실패의
실제 사례를 통해 둘의 상호성을 살펴보도록 하죠.

크루 드래곤

실패를 통한 성공의 첫 번째 사례는 우리 모두 익히 알고 있는 미국 발명가 토머스 에디슨Thomas Edison(1847~1931)에게서 찾을 수 있습니다. 그는 2,000번이 넘는 무수한 실패 끝에 세계 최초로 전구를 발명한 것으로 알려졌는데요, 실패만 하는데도 왜 중간에 포기할 생각은 하지 않았느냐는 기자의 질문에 자신은 실패한 것이 아니라 단지 2,400가지의 안 되는 방법을 발견했을 뿐이라는 대답을 했다고 하죠. 그래서인지 말년에 그는 '실패는 성공의 어머니'라는 말을 남기기도 했습니다.

테슬라와 스페이스X, 솔라시티SolarCity 등을 운영하는 일론 머스크도 마찬가지입니다. 그는 2020년 5월 30일 인류 최초의 민간 유인우주선 '크루 드래곤Crew dragon'의 발사에 성공했는데요, 성공에 이르기까지 그와 스페이스X 개발진은 치명적인 엔진 고장과 낙하산 오작동, 연료 주입 안전 문제, 유인우주선 가스 누출 등 무수한 실패를 겪었다고 합니다.

그럼 이제 오류와 진리를 이 사례들에 빗대어 생각해볼까요. 우리가 진리에 도달하고자 할 때 우리는 아무 문제나 실패 없이 한 번에 진리에 다다를 가능성보다 오류를 범할 가능성이 훨씬 더 많음을 알고 있습니다. 그리고 오류의 원인을 생각하고 이를 해결할 방법을 모색함으로써 진리에 조금 더 가까워질 수 있죠. "오류는 인간이 배울 수 있는 유일한 방법이다"라고 했던 영국 과학철학자 칼 포퍼Karl Popper(1902~1994)의 말처럼 말입니다.

포퍼는 저서 《탐구의 논리Logik der Forschung》(1934)에서 과학은 합리적인 가설 제기와 그 반증을 통해 시행착오적으로 성장한다는 비판적 합리주의의 인식론을 제창했습니다. 즉, 진리는 절대적인 것이 아니라 오히려 틀릴 수 있고 틀렸다는 반증이 가능하며 또 그 사실을 받아들일 수 있기 때문에 계속 발전해 더 올바른 진리를 향해 나아간다고 보았죠.

헤겔 역시 진리는 오롯이 진리로만 남는 것이 아니라고 봅니다. 오히려 진리는 역사적으로 규정되는 것이라 주장하죠. 예를 들면 영국 17세기 후반 과학자 아이작 뉴턴Isaac Newton(1642~1727)은 뉴턴역학, 즉 '관성의 법칙', '운동방정식', '작용반작용의 원리'에 따라 물체의 운동 법칙 체계를 확립했습니다. 그리고 당시 사람들은 이 이론이 물리적 세계의 진리를 담고 있다고 여겼죠. 하지만

20세기 초 아인슈타인이 특수상대성이론을 도입한 뒤 뉴턴역학은 일부만 진리성을 인정받고 있습니다.

　이 말을 앞서 이야기한 진리의 점진성에 빗대어 생각해보면 아마도 이런 전제가 가능하지 않을까 싶습니다. 바로 '거의 모든 사고나 이론에는 오류가 존재한다. 그리고 그 오류를 점차적으로 해결해나가는 과정이 진리를 향해가는 과정이다'라는 것입니다. 당신은 어떻게 생각하나요? 오류는 우리가 지금까지 살펴본 것처럼 진리를 향해가는 과정에 해당할까요, 아니면 또 다른 역할이나 기능을 지니고 있을까요?

우리는 과거에서 벗어날 수 있을까요?

과거에서 온전히 벗어나는 것은 불가능할 것 같습니다. 앞서 다른 질문에서 답한 것처럼 저는 과거의 총합이 현재를 설명할 수 있다고 생각하거든요. 그렇지만 이것이 부정적인 의미는 아닙니다. 실패는 안 되는 방법의 발견일 뿐이라는 에디슨의 말처럼 나쁜 과거, 실패했던 과거라고 할지라도 그 일을 통해 무엇이 좀 더 옳은 길인지 배우게 되고 미래에는 더 나은 방향을 설정할 수 있을 테니까요. 그렇게 우리는 과거에서 벗어나지 않고도 과거를 극복할 수 있겠죠. 당신은 어떻게 생각하나요?

마흔세 번째 인문학

무언가를 잘 알기 위해서는
그것을 관찰하는 것만으로 충분할까?

마음이 곧 이치라고 본 양명학

●

　　'관찰'은 우리가 제일 먼저 배운 세상을 이해하는 방법입니다. 갓 태어났을 때 한동안 우리의 세상은 누운 채 볼 수 있는 범위가 전부에 가깝습니다. 밥을 먹여주고 잠을 재워주는 부모님, 천장에서 뱅글뱅글 돌아가는 모빌 같은 것 말이죠. 그러다 점차 성장하면서 기고 걷고 뛸 수 있게 되면 집과 마당, 학교 그리고 사회로 관찰 영역이 넓어집니다.

　그래서인지 대부분의 사람들이 관찰을 앎의 근본으로 생각하고 세상을 살아갑니다. 현대 학문 세계에서 철학의 자리를 대체한 과학은 추상적 사고가 아닌 현실 관찰을 통해 올바른 앎을 얻을 수 있다고 역설합니다. 과학적 사고를 토대로 짜인 정규교육 과정 역시 관찰과 실험을 가장 기본적인 앎의 토대로 설명하죠. 그런데 과연 온전히 앎을 얻는 방법은 관찰이 전부일까요? 오늘은 성리학과 함께 동아시아 사상의 축을 이뤘던 양명학陽明學을 토대로 이 질문에 관해 생각해보려고 합니다.

　양명학을 주창한 중국 철학자 양명陽明 왕수인王守仁 (1472~1528)

은 명나라가 세워진 지 약 100여 년이 지난 시기에 태어났습니다. 당시 중국 사상계를 주도한 학문은 12세기 중국 남송의 유학자 주희朱熹(1130~1200)가 집대성한 성리학(주자학)이었습니다. 성리학은 성즉리性卽理, 즉 본성이 곧 이치라는 것이 기본 명제였습니다. 나무에게는 나무의 이치가, 고양이에게는 고양이의 이치가, 사람에게는 사람의 이치가 있다는 것이죠. 그리고 그 이치를 알기 위한 방법으로 격물치지格物致知를 강조합니다. 사물을 깊이 연구해(격물) 앎을 완성한다(치지)는 뜻입니다. 이는 궁극적인 탐구 대상이 사물이 아닌 그 사물의 이치에 해당하므로 격물궁리格物窮理라 일컫기도 합니다.

명문가 자손으로 태어난 왕수인은 어린 시절 학문에만 뜻을 두지 않았습니다. 친구들과 시를 짓는 모임을 만들거나 위대한 장군이 되겠다는 꿈을 꾸며 말을 달리고 활쏘기 시합을 하기도 했죠. 그는 18세에야 학문에 매진하기로 결심하고 주자학을 공부하기 시작했다고 합니다. 나무 한 그루, 풀 한 포기의 이치를 끝까지 구해 깨달아야 한다는 주희의 격물궁리를 실천하겠다며 대나무를 온종일 바라보는 기행(?)을 저지르기도 했다고 하는데요, 이 무모한 도전은 7일째 되던 날 병이 나며 마무리되었고 이후 그는 주자학이 아닌 자신만의 학문 체계를 만들겠다고 결심했다고 알려집니다. 그렇다면 왕수인의 사상은 성리학과는 어떻게 다를까요? 먼저 그의 언행록인 《전습록》 중 일부를 만나보죠.

왕수인이 남진을 유람할 때 그의 친구가 절벽의 꽃나무를 가리키며 물었다. "자네는 마음 밖의 세상에는 아무것도 없다고 했지. 하지만 꽃나무는 저절로 꽃이 피고 지는데 이게 과연 내 마음과 무슨 상관이 있나?" 그러자 왕수인이 말하길 "그대가 저 꽃을 보기 전에는 꽃과 그대의 마음 모두 고요했지만 그대가 와서 보자 저 꽃의 빛깔이 그대 마음속에 또렷해지지 않았는가? 그러니 곧 저 꽃이 자네 마음 밖에 있지 않다는 것을 알 것이네."

위의 내용에서 알 수 있듯이 왕수인은 세상이 인간의 마음[心]으로 말미암아 존재한다고 생각했습니다. 다시 말해 그는 객관적 세계란 인간의 주관적 관념으로 구성되며 천지 만물 역시 인간의 주관을 바탕으로 존재한다고 보았습니다. 그는 이를 두고 심즉리心即理, 즉 마음이 곧 이치라고 표현합니다. 세상에는 마음 밖의 일도, 마음 밖의 이치도 없다는 것이죠.

또 그는 누구나 마음 안에 선한 본성, 즉 양지良知가 깃들어 있다고 생각했습니다. 우리가 우물에 빠지려는 아이를 보고 깜짝 놀라는 것은 양지가 발현되기 때문이라는 것입니다. 우리는 양지가 제시하는 방향에 따라 주저 않고 나아갑니다. 그러나 만약 양지의 지시에 따라 행동하지 않는다면 지극한 선을 상실하기 마련입니다.

왕수인은 "길거리를 가득 메운 것이 모두 성인이다"라고 표현하기도 했는데요, 모두가 마음속에 양지를 지니고 있기 때문에 그 지시에 따라 행동만 한다면 누구나 성인이 될 수 있다고 보았습니다. 성인이 되기 위한 방법은 양지를 실천으로 옮기는 것뿐입니다. 이를 양지를 넓히는 것, 즉 치양지致良知라고 합니다.

아마도 오늘날 왕수인처럼 세상과 세상의 모든 앎이 오로지 '마음'에서 비롯된다고 믿는 사람은 많지 않을 것입니다. 하지만 우리가 경험한 세상이 늘 객관적인 사실로만 가득 차 있지는 않았다는 점, 우리는 늘 개개인의 주관과 잣대로 세상 만물을 이해하고 평가해왔다는 점을 생각하면 그의 말을 흘려들을 수만은 없을 듯합니다. 당신은 질문에 어떤 답을 내릴 건가요? 무언가를 잘 알기 위해 우리는 관찰하는 것만으로 충분할까요, 아니면 다른 무언가가 필요할까요?

'나'를 아는 것과 '남'을 아는 것 중 무엇이 더 중요할까요?

둘 다 중요하다고 생각합니다. 후배들과 함께 연극을 만든 적이 있습니다. 같은 연극을 만들면서도 고민하는 지점은 저마다 달랐습니다. 고집을 부려 다른 멤버와 부딪치는 아이, 반대로 다른 멤버들에게 맞춰주느라 하기 싫은 일을 하는 아이…. 물론 제게도 제 나름의 고민이 있었죠. 아마 우리의 마음이 다 다른 곳에 있었기 때문일 겁니다. 나와 남을 아는 것 모두가 중요한 이유는 그래야 서로를 존중하며 갈등을 해결하고 모두가 만족하는 방향으로 나아갈 수 있기 때문입니다. 당신은 무엇이 더 중요한가요?

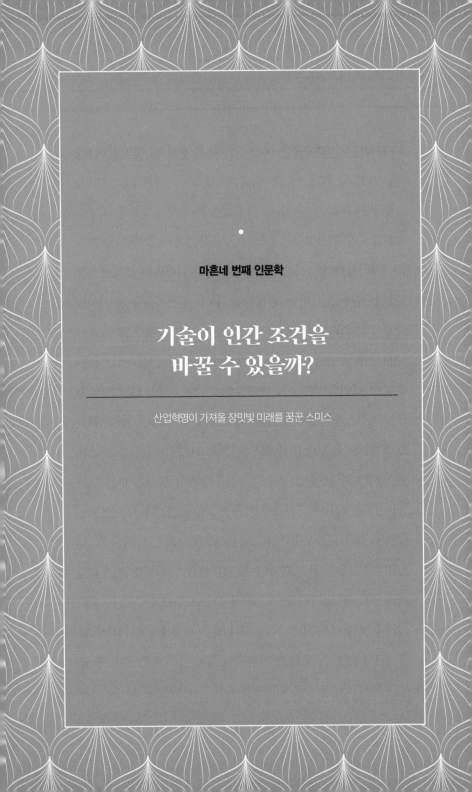

마흔네 번째 인문학

기술이 인간 조건을
바꿀 수 있을까?

산업혁명이 가져올 장밋빛 미래를 꿈꾼 스미스

●

미국에서는 독립 혁명이, 프랑스에서는 자유주의 혁명이 일어나던 18세기 후반, 유럽의 또 다른 나라인 영국에서도 혁명이 일어나고 있었습니다. 다른 혁명들처럼 시끌벅적하진 않았지만 그 어떤 혁명보다도 우리에게 많은 영향을 주었죠. 맞습니다. 바로 '산업혁명'이 일어난 것입니다. 면직 공업에서 시작된 혁신은 농업 등 전통 산업뿐만 아니라 교통, 통신 등의 발전에도 커다란 변화를 가져왔습니다. 새로운 기계를 개발하고 기술을 발전시킴으로써 생산력이 비약적으로 증가했고 공장제도가 확립되고 대량생산 체제가 구축되면서 오늘날 우리가 누리고 있는 물질적 풍요의 토대가 마련되었죠.

18세기 스코틀랜드를 대표하는 도덕철학자이자 경제학의 아버지로 불리는 애덤 스미스Adam Smith(1723~1790)는 자신의 대표작 《국부론》(1776)을 통해 산업혁명이 가져올 장밋빛 미래를 그렸습니다. 스미스가 보기에 서로에게 유용한 물건을 교환하는 것은 인간의 고유한 특징입니다. 우리는 동물들이 무언가를 교환하는 모습을 볼 수 없습니다. 강아지가 물고 있는 뼈는 자기 뼈이고 원숭이가 든 바나나는 자기 바나나일 뿐이죠. 만약 동물이 무언가를 얻으려면 그것을 가진 상대의 환심을 사고 호의에 기댈 수밖에 없습니다. 하지만 여기에는 한계가 있기 마련이죠.

반면 인간은 흥정을 통해 서로에게 이익이 되는 방향을 찾아가고자 합니다. 이 흥정 능력은 시장경제 체제가 출현하는 결정적 계기가 되죠. 모든 물건을 스스로 만들고 스스로 소비하는 자급자족 체제에서 벗어날 수 있게 되었기 때문입니다. 사람들은 차츰 더 소수의 품목을 생산하는 데 집중하게 되고 마침내 '분업'이 나타나게 됩니다.

분업은 노동의 질적 측면에서 극적인 변화를 일으킵니다. 가령 스미스는 한 사람이 옷핀을 만드는 것과 공장에서 분업을 통해 옷핀을 만드는 경우의 차이를 소개합니다. 한 사람이 옷핀 만들기의 전 공정을 거치는 경우에는 하루에 20개를 만들기도 힘들지만 열 사람이 분업을 통해 옷핀을 만들면 한 사람당 4,800개의 옷핀을 만들 수 있다는 것입니다. 혼자 만들 때보다 240배 이상의 효율을 내는 것이죠.

스미스는 분업으로 인해 생산성이 높아지고 누구나 특별한 기술을 배울 필요 없이 노동을 할 수 있는 환경이 갖춰지면 모든 사람이 부를 얻을 수 있으리라고 생각했습니다. 이 사회는 상호 이익에 기초하고 있으므로 사람들이 각자 자신의 이익을 추구하면 사회 전반이 이득을 볼 수 있는 구조가 생긴다고 보았죠. 여기서 그 유명한 '보이지 않는 손'이 등장합니다. 스미스는 이제 시장의 자기 통제가 작동하는 시대가 온다고 본 것입니다. 보이지 않는 손이 작동하면 정부의 역할은 국방과 사법, 교육 등 필수적 기능을 수행하는 데 한정됩니다. 그리고 국내를 기점으로 활성화된 거래는 자연스럽게 나라 사이에도 활성화되어 국제무역으로도 이어질 수 있다고 생각했죠.

하지만 산업혁명이 스미스의 기대처럼 긍정적인 변화만 가져온 것은 아니었습니다. 이윤 극대화를 원한 자본가들이 숙련된 성인 노동자 대신 임금이 싼 부녀자나 아동을 고용하거나 노동자들을 장시간 노동하게 하는 등 다양한 노동 문제를 야기한 것입니다. 노동자들의 생활은 비참할 대로 비참했습니다. 조명이나 환기장치 같은 기본적인 작업환경조차 제대로 갖춰지지 않은 것은 물론 작업 중에 일어난 불의의 사고 역시 노동자 본인의 부주의 때문으로 간주되기 일쑤였죠. 1830년 발간된 〈미성년 아동 노동에 관한 영국 의회 조사 보고서〉에 따르면 당시 노동자들은 매일 19시간의 노동에 시달렸으며 이 중 휴식 시간은

1시간 정도에 불과했습니다. 그런데 이런 장시간 노동에도 불구하고 노동자들에게 주어지는 임금은 믿을 수 없을 만큼 적었습니다. 하루 종일 일해야 빵 하나를 겨우 살 수 있는 수준이었으니 말이죠. 그나마 이런 일자리마저도 얻지 못한 실직 노동자들, 특히 그중에서도 직물업 종사자들은 산업화에 큰 반감을 지니게 되었습니다. 일부는 저항을 결심하고 섬유 기계를 파괴하는 등 급진적인 행동을 하기도 했죠.

여기까지가 1700년대 후반 진행된 산업혁명 과정이자 그 한가운데서 노동자들이 경험한 삶입니다. 이들에게 우리의 질문, '기술이 인간 조건을 바꿀 수 있을까?'라고 묻는다면 어떨까요? 아마도 '그렇다'는 대답을 들을 수 있을 것입니다. 물론 부정적인 방향으로 말입니다.

우리는 또 한 번 '4차 산업혁명'이라 불리는 변화의 시기를 맞고 있습니다. 기술은 전례 없이 빠르게 발전하고 있고 환경 파괴나 빈부 격차와 같은 문제는 점차 양극단으로 치닫고 있죠. 과연 이 속에서 우리 삶은 어떤 방향으로 변화할까요? 산업혁명 초창기 노동자들과 같은 처지가 될까요, 아니면 그때와는 다른 긍정적인 방향을 찾아갈 수 있을까요?

기술의 용도는 무엇일까요?

저는 인류의 발전, 특히 지금까지는 인간의 생활을 좀 더 윤택하고 편리하게 만드는 데 집중되었다고 생각합니다. 하지만 자본주의와 기술이 결합하면서 그 혜택을 누리지 못하는 사람들이 생겨났고 인간이 아닌 존재, 동물이나 자연 등은 희생되고 파괴된 것도 분명한 사실입니다. 그래서 기술의 발전만큼 인류의 발전을 이루지는 못했죠. 이제 기술을 사용하는 방식도 전과는 달라져야 하지 않을까요? 파괴를 복구하는 쪽으로 말입니다. 당신은 어떻게 생각하나요?

마흔다섯 번째 인문학

이론의 가치는 실제 효용 가치로
가늠되는 것일까?

철학의 실용성을 강조한 듀이의 실용주의

●

    '이론'이라는 단어를 이미지로 떠올려보라는 이야기를 들으면 어떤 그림이 그려지나요? 아마도 많은 사람이 고풍스러운 대학 건물과 그곳에서 펼쳐지는 석학의 강연 그리고 그 한 마디 한 마디에 고개를 끄덕이는 학구적인 학생들의 모습을 떠올리지 않을까 합니다. 너도 나도 생존을 외치는 21세기에 이런 이미지는 영화나 드라마에만 있는 허구에 불과하다는 사실은 차치하고서라도 말이죠.

   이처럼 대부분의 사람들에게 이론은 실제 세계나 그 효용 가치와는 무관한 이미지를 지닙니다. '이론은 이론일 뿐'이라는 말도 그렇죠. 하지만 이 말이 과연 사실이라고 할 수 있을까요? 다시 말해 실제 효용과는 무관한 이론이 탄생할 수 있는지, 그 반대로 이론의 가치가 그 이론의 실제 효용에 따라 가늠될 수 있는지 고민해봅시다.

   먼저 서양의 고전적 철학은 이론의 실제 효용을 따지는 사고에 그리 호의적이지 않았습니다. 플라톤은 우리가 마주하는 현실인 감각적 세계를 경멸했습니다. 반면 이성을 토대로 추상적 구조를 연구하는 학문인 수학, 자신이 상정한 이상 세계인 이데아 등을 강조했죠. 이는 순수한 이론이나 사유의 위상을 높임과 동시에 그 이론의 현실 적용이나 실제 효용은 이보다 덜 중요한 것으로 여기게 되는 결과를 낳았습니다.

이 같은 경향은 오래 이어집니다. 플라톤의 제자인 아리스토텔레스 역시 인간의 지성을 활용해 가장 큰 만족을 얻을 수 있는 분야로 이론을 지목했고 이는 인간 인식의 원천과 구조, 본질 등을 따지는 근세 인식론자에게까지 이어집니다. 즉, 오랜 기간 철학자들은 이론이 실제 적용 여부와 무관하게 그 자체만으로도 가치를 지니고 있다고 여겼던 것입니다.

하지만 이와는 다른 의견을 가진 철학자들이 하나둘 나타나기 시작했습니다. 그중 대표적인 인물이 바로 미국의 정신을 이야기했다고 평가받는 철학자 존 듀이John Dewey (1859~1952)죠. 그는 1859년 미국 버몬트주 벌링턴에서 태어났습니다. 그가 태어난 시기 미국은 아직 세계의 변방에 불과했습니다. 하지만 1861년부터 4년간 노예제도 폐지를 둘러싼 남북전쟁이 일어나고 그 결과 미국 전역에서 노예제가 폐지되면서 급격한 변화의 물결이 일기 시작했죠. 듀이의 아버지와 어머니는 모두 영국 이

주민의 후예로 아버지는 원래 농부였지만 남북전쟁 당시 노예제도 폐지를 주장하는 북군에 참여했으며 전쟁이 끝난 뒤에는 담배 가게를 운영하며 생계를 유지했다고 합니다. 여유롭지 못한 삶이었지만 듀이는 꾸준히 학업을 이어갔습니다. 15세가 되던 해에는 버몬트대학교에 입학했고 졸업 후에는 3년 동안 학비를 모아 대학원에 진학했습니다. 박사 학위를 받고 나서는 노동 문제와 인권 문제를 해결하기 위해 북아메리카 최초의 사회복지 기관인 헐 하우스hull house에 가입하기도 했습니다. 특히 듀이는 학교가 어떻게 학생들 각자의 능력을 발달시키고 욕구를 충족하면서 공동사회를 이룩할 수 있을 것인가에 대한 자신의 이론을 실험하기 위해 '듀이 학교'라고 불리는 실험학교를 시카고대학교 내에 개설했습니다. 그리고 주입식 교육이 아닌 자율성에 기반을 둔 아동 중심 교육을 시도하기도 했죠.

듀이가 가장 미국적인 철학을 이루었다고 평가받는 이유는 유용성의 강조에 있습니다. 그의 철학은 19세기 미국에서 등장한 '실용주의'에 속했는데요, 실용주의란 철학의 목적이 세계의 진상을 파악하는 것이 아니라 우리가 이 세계 속에서 더욱 효과적으로 행동하도록 돕는 데 있다는 입장이었습니다. 실용주의에 따르면 모든 가치는 유용성의 입장에서 판단되어야 하고 일상에 도움이 되는 가치가 좀 더 바람직하다고 여겨집니다.

사실 이런 철학을 처음 이야기한 사람은 그보다 앞선 19세기 미국 철학자 찰스 퍼스Charles Peirce(1839~1914)였습니다. 그는 "개념이란 우리가 이것을 실천적으로 검증할 수 있을 경우에만 옳은 것이고 행동의 결과로 나타낼 수 없으면 무의미하다"라고 말했는데요, 다른 무엇보다 그 행동이 실제 효과가 있는지 여부가 훨씬 더 중요하다는 뜻이었죠. 퍼스의 입장은 철저하게 경험적입니다. 그는 그 출발점을 실험과학에서 찾았습니다. 이 논리에 따르면 실험을 통해 얻어내지 않은 명제나 관념은 무의미할 뿐입니다. 듀이는 이 같은 퍼스의 입장을 수용한 뒤 독자적인 이론으로 발전시켜나갔습니다.

그럼 다시 질문으로 돌아가 보죠. 듀이의 철학이 발표되자 기존의 고전적 철학을 고수하던 사람들은 듀이가 '철학이 해야 할 진리의 추구를 포기했다'며 그를 비판했습니다. 하지만 현실은 이와 반대였습니다. 듀이의 철학이 오랜 기간 미국 사회를 지탱하는 힘이자 유용한 가치로 인정받아온 것입니다. 당신은 질문에 어떻게 답할 건가요? 이론의 가치는 실제 효용 가치로 가늠되는 걸까요, 아니면 이와 다른 가치척도가 있는 걸까요?

나의 인생 책을 한 권 골라주세요. 그 이유는 무엇인가요?

니체의 《차라투스트라는 이렇게 말했다》입니다. 사실 이전까지 제게 철학은 현실과는 거리가 먼, 어렵기만 한 학문처럼 느껴졌습니다. 책 속의 이론에 불과했다고 할까요. 하지만 이 책을 통해 기존의 고정관념을 버릴 수 있었습니다. 철학은 제 존재 이유를 설명해주고 삶의 방향의 옳고 그름을 판단하는 데 도움을 주는 실용적인 학문이었죠. 그러고 보면 이론만을 위한 이론은 이 세상에 없을지도 모르겠네요. 당신의 인생 책은 무엇인가요?

마흔여섯 번째 인문학

우리는 왜
아름다움에 이끌릴까?

플라톤의 영원불변한 미의 이데아

•

　　　　　　　당신은 무얼 보고 아름답다고
느끼나요? 위대한 화가들의 예술 작품이나 경이로운 자연환경,
사랑하는 사람 등 다양한 대답이 나올 것입니다. 사실 '미美'는
우리 일상생활 곳곳에 존재합니다. 시를 쓰는 버스 운전사의 이
야기를 다룬 영화 〈패터슨〉(2016)에서 주인공 패터슨은 아침을
먹다가 그들이 자주 쓰는 오하이오 블루 팁 성냥에 아름다움을
느끼고 다음과 같은 시를 씁니다.

　(…)

훌륭하게 꾸민, 견고한

작은 상자들로 짙고 옅은 푸른색과

흰색 로고는 확성기 모양으로 쓰여 있어,

마치 세상에 더 크게 외치려는 것 같다,

"여기 세상에서 가장 아름다운 성냥이 있어요,

4센티미터의 매끈한 소나무 막대는

머리에 거친 포도색 모자를 쓰고,

차분하고도 격렬하게

오래도록 불꽃으로 나올 준비를 하고

사랑하는 여인의 담배에

불을 붙여줄지도 몰라요.

난생처음이자 다시없을 불꽃을

이 모든 걸 당신께 드립니다."

이렇게 아름다움을 느끼는 대상이 많은 만큼 우리는 아름다움에 대한 수많은 질문을 하며 살아갑니다. '진정한 아름다움이란 무엇일까?', '저건 왜 아름답지?', '객관적인 아름다움이라는 게 존재할까?' 등 말이죠. 그런데 이런 궁금증을 갖는 사람이 비단 우리만은 아닙니다. 과거 철학자들 역시 미학美學, aesthetics 이라는 분야를 통해 아름다움을 둘러싼 궁금증을 해결하고자 노력했습니다. 그런데 대체 우리는 왜 아름다움에 이끌릴까요? 이 질문에 답하기 전 먼저 다음 질문에 답할 필요가 있어 보입니다. 대체 미란 무엇일까요?

플라톤 철학의 핵심 개념 중 하나인 이데아론을 통해 그 답을 생각해봅시다. 이데아란 앞서 설명했듯 사물과 사고가 지닌 완전 불변한 본질을 말합니다. 감각적 경험 세계와 분리되어 존재하는 완전성의 세계, 즉 이데아의 세계가 존재하며 현실 세계는 그 복사물에 불과하다는 것이 플라톤의 생각이었죠. 가령 우리는 현실 세계에서는 완전한 정삼각형을 볼 수 없지만(컴퓨터로 정삼각형을 그린다고 하더라도 확대를 거듭하면 결국 픽셀 단위의 불완전한 삼각형을 만나게 됩니다) 정삼각형의 개념을 알고 있습니다. 플라톤은 그 이유를 이데아 세계의 정의를 영혼이 '상기'했기 때문이라고 보았습니다.

플라톤이 말하는 이데아론의 핵심은 존재자를 두 부류로 나누었다는 데 있습니다. 감각으로 알 수 있는 것과 감각으로 알 수 없는 것이 바로 그것입니다. 이 중 감각으로 알 수 없는 것이란 감각 너머에 존재하는 것을 뜻합니다. 다시 말해 '미란 무엇인가'라는 질문이 지칭하는 바는 감각적으로 경험할 수 있는 아름다움과 분리되어 있는 미의 이데아, 즉 미 그 자체를 말한다고 볼 수 있는 것이죠.

플라톤에 따르면 만약 육체와 영혼이 아름답다면 그 육체와 영혼이 미의 이데아를 닮았다는 사실 때문입니다. 육체와 영혼의 미는 일시적인 것이지만 미의 이데아는 영원하죠. 또 플라톤은 인간이 아름다운 물체에서 즐거움을 발견한다는 사실은 부인하지 않으면서도 사고나 행동이 신체보다 더 아름답다고 보았습니다. 즉, 정신적인 미가 더 고급한 미라는 것입니다. 따라서 어떤 사람이 아름다움을 행한다면 그는 스스로 이데아를 모범으로 삼고 있는 것이라 여겼습니다.

이것만으로 미를 모두 이해했다고 보기는 왠지 어려운 것 같나요? 당연합니다. 우리가 살펴본 것들은 어쩌면 미의 한 측면이나 예에 불과하니 말이죠. 미에 대한 정의와 궁금증은 어쩌면 미의 이데아가 영원한 만큼이나 영원히 이어질지도 모르겠습니다.

자, 그럼 질문으로 돌아가 이야기를 나누어보죠. 우리는 왜 아름다움에 이끌리는 걸까요? 정의조차 제대로 하지 못한 아름다움이 대체 무엇이기에 우리는 홀린 듯 아름답다며 맑은 하늘을 카메라에 담고 슬픈 영화를 보며 눈물짓는 걸까요? 당신의 생각은 어떤가요?

나는 다른 사람을 위해 무엇을 하고 있나요?

쉽게 답할 수 있는 질문일 줄 알았는데 생각할수록 어렵네요. 저는 어떤 행동을 하기 전에 이 행동이 나를 위한 것인지 상대방을 위한 것인지 생각합니다. 물론 모든 행동이 이분법으로 나누어질 수 없고 어디까지가 나를 위한 것이고 남을 위한 것인지 경계가 모호할 수도 있습니다. 하지만 이기심보다는 이타심이 더 배어 있는 행동을 하려고 노력하고 선함에 담긴 아름다움을 추구하려고 노력합니다. 당신은 어떤가요?

예술 작품은
반드시 아름다워야 할까?

'아름다운 것은 통념을 깨는 것' 칸트의 반성적 판단

당신은 어떤 예술 작품을 보았을 때 아름답다고 느끼나요? 예를 들어 입체파를 대표하는 스페인 화가 파블로 피카소Pablo Picasso(1881~1973)의 그림을 처음 본 사람들은 괴상망측하다며 저주스러운 그림이라고 비난하기까지 했지만 시간이 흐르면서 피카소는 20세기 최고의 화가로 평가받고 있는데요, 오늘날에도 피카소의 명성과는 별개로 그의 그림이 기괴하다고 생각하는 사람들은 여전히 존재합니다. 그렇다면 반드시 모든 사람이 아름답다고 생각하지 않아도 예술 작품이 될 수 있는 걸까요?

이 질문에 답하기 위해 먼저 '예술'의 의미가 무엇인지, 그 범위는 어디까지인지 살펴볼 필요가 있을 듯합니다. 덥고 습한 여름날 을지면옥의 맑고 깨끗한 냉면 국물을 그릇째 마시며 "와, 이거 예술이네"라고 말할 때의 '예술'이 우리가 지금 다루고자 하는 예술과 관계가 있는지 고민해볼 필요가 있다는 이야기죠. 예술이라는 단어는 사전적으로 다음과 같이 정의됩니다.

[1] 기예와 학술을 아울러 이르는 말.

[2] 특별한 재료, 기교, 양식 따위로 감상의 대상이 되는 아름다움을 표현하려는 인간의 활동 및 그 작품.

[3] 아름답고 높은 경지에 이른 숙련된 기술을 비유적으로 이르는 말.

이 정의에 비춰보았을 때 우리가 냉면 국물을 먹으며 말한 '예술'은 어디에 해당할까요? 아마도 세 번째 정의에 속하지 않을까 싶네요. 반면 우리에게 주어진 질문에 담긴 예술은 두 번째 정의에 해당하지 않을까 합니다. 다시 말해 질문 속에 담긴 예술이란 단어는 아름다움이라는 목적을 달성하고자 하는 인간의 노력이나 그 결과물을 일컫는 말이라고 할 수 있죠. 《안나 카레니나》, 《부활》 등으로 잘 알려진 19세기 러시아 대문호 레프 톨스토이Lev Tolstoy (1828~1910)의 "미를 촉진하는 것만이 참된 예술"이라는 말이나 중세 철학자 토마스 아퀴나스Thomas Aquinas (1245~1274)의 "눈을 즐겁게 하는 것은 곧 아름다우니라"라는 말 등이 떠오르는 대목입니다.

이 같은 입장은 우리에게 그리 낯설거나 생소한 미학관은 아닙니다. 우리는 무언가가 아름답다고 말할 때나 예술 작품을 감상할 때 위와 같은 기준(눈을 즐겁게 하는가)을 바탕으로 평가합니다. 그리고 그 기준은 우리의 지각 능력과 밀접하게 연결되어 있습니다. 즉, 우리는 미술 작품을 보고 음악을 들으며 거기에서 불러일으켜진 정서를 통해 아름다움의 존재 여부를 판단하거나 그 척도로 삼습니다.

파블로 피카소 초상

하지만 우리가 지각을 통해 판단하는 아름다움을 예술의 필수 조건이나 목적으로 보는 것이 타당할까요? 사실 예술 작품의 아름다움 여부를 판단하는 기준은 앞서 피카소의 예에서 보았듯이 지극히 주관적일 수밖에 없습니다. 동일한 대상에 대해서도 시대와 장소, 이를 판단하는 주체의 기준에 따라 평가가 극과 극으로 달라질 수 있기 때문이죠. 마치 똑같은 냉면을 먹고도 누군가는 "너무 맛있다"고 이야기하고 또 다른 누군가는 "너무 밍밍해"라고 말하는 것처럼 말입니다. 그렇다면 시대와 지역을 초월한 보편적 아름다움을 지니는 예술 작품의 조건은 무엇일까요? 아니, 과연 그런 것이 존재하기는 할까요?

이와 관련해 칸트의 미학을 잠시 살펴보겠습니다. 칸트는 인식론과 윤리학은 물론 미학에 있어서도 근대적 관점을 제시한 인물로 평가받는 철학자입니다. 그는 심미적 체험의 특성을 설명함과 동시에 심미적 판단이 지닌 보편적 타당성을 이론적으로 정당화할 수 있는 길을 열었습니다. 이를 위해 칸트는 '반성적 판단'이라는 개념을 만들어냈죠.

반성적 판단이란 우연한 사실에서 새로운 보편자로 나아가는 판단을 말합니다. 그리고 그 반대에는 보편적 개념에서 출발해 특수한 사실로 나아가는 '규정적 판단'이 존재합니다. 규정적 판단이란 그 중심에는 보편적인 기준이나 모델이 있고 그 주위를 특수한 사실이 회전하는 방식을 말합니다. 예를 들어보죠. 판단을 업으로 삼는 대표적인 직업으로 판사를 들 수 있습니다. 판사가 판단을 내리기 위해서는 법을 잘 알아야 하고 동시에 자신이 아는 법률 지식을 근거로 재판하는 특수한 사안을 판정해야 합니다. 우리는 이를 규정적 판단이라고 부릅니다. 이미 주어져 있는 보편자, 즉 개념과 원리, 모델, 표 등에 의거해 사실에 해당하는 특수자나 개체를 판정하는 것이죠.

그런데 때때로 판사는 기존의 법률 상식으로는 판정하기 어려운 사건에 부딪힐 수도 있습니다. 법률로 규정되지 않는 것은 물론 그 법률의 전제부터 다시 돌아보게 되는 사건이 생기는 경우입니다. 이때 판사는 섣부른 판정을 하는 대신 도대체 법이란 무엇인지, 누구를 위해 있는 것인지, 또 정의란 무엇인지 등을 묻는 반성적 상황에 빠지게 됩니다. 그리고 이 상황은 그 사안에 부합하는 원리나 개념을 발견할 때 비로소 끝나게 되죠. 이처럼 기존의 원리에 완강히 저항하는 개별자의 주위를 맴돌며 그에 상응하는 새로운 원리를 모색하는 판단을 우리는 반성적 판단이라고 합니다.

그런데 칸트가 아름다움을 논하며 반성적 판단이라는 개념을 꺼내 든 이유는 무엇이었을까요? 칸트는 기존의 원리로 쉽게 재단되는 것은 아름답다고 할 수 없다고 보았기 때문입니다. 칸트의 미학에서 아름다울 수 있는 것은 '통념을 깨는 것'뿐입니다. 아름답다는 것은 종래의 문법을 깨뜨리고 그에 부응하는 새로운 문법을 창조해내는 것이며 끊임없이 새로운 영감을 불러일으키고 그것을 설명할 새로운 원리의 필요성을 환기하는 것입니다. 그렇기에 심미적 체험은 규정적 판단보다는 반성적 판단의 성격을 띤다고 볼 수 있죠.

이런 측면에서 본다면 아름다움이란 우리의 통념과는 다른 것일 수도 있어 보입니다. 우리가 그저 아름답다고 믿어온 것이 아름다운 것이 아니라 기존의 틀과는 다른 무언가를 아름답다고 규정해야 하기 때문이죠.

그럼 다시 질문으로 돌아가 보겠습니다. 예술 작품은 반드시 아름다워야 할까요? 당신의 생각은 어떤가요?

삶이 아름다웠더라도 예술은 존재했을까요?

우리는 소설이나 영화를 통해 실제로 하지 못하는 것을 경험하거나 주인공들의 행위와 감정에서 대리 만족을 느낍니다. 현실이 고단할 때 위로가 될 음악이나 영화를 찾기도 하지만 행복할 때는 그 행복을 더 고취해줄 작품을 찾기도 하죠. 그러니 삶이 아름답기만 했더라도 그 아름다움을 재현하는 예술은 분명 존재했을 것입니다. 그것을 경험하지 못하는 사람을 위해서나 아름다움을 더 강하게 느끼고 싶은 사람 모두를 위해서요. 당신은 어떻게 생각하나요?

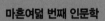

마흔여덟 번째 인문학

예술 작품의 복제는
그 작품에 해를 끼치는 일일까?

복제에 의해 작품의 오라가 훼손된다고 본 벤야민

•

　　　평소 미술관을 즐겨 찾거나 예술품에 조예가 깊지 않은 사람이라도 일상에서 예술 작품의 복제물을 쉽게 마주할 수 있습니다. 분위기 있는 음식점이나 카페 인테리어로 명화의 복제품이 걸려 있는 것도 흔히 볼 수 있고 핸드폰 케이스나 티셔츠, 노트 같은 상품을 비롯해 대기업 광고와 냉장고, 텔레비전 등 각종 가전제품에서도 눈에 익은 작품들을 만날 수 있죠. 우리는 그 복제품을 통해 예술 작품을 좀 더 친숙하게 느끼고 가치를 재확인합니다.

　이런 면에서 보면 이번 질문은 너무나도 엉뚱하게 느껴집니다. '복제가 예술 작품에 해를 끼친다고? 그게 도대체 무슨 말이야? 예술 작품을 복제하는 일은 늘 있던 거 아니야?' 하는 생각이 들 정도로 말이죠.

　물론 예술 작품의 복제는 오랜 세월 꾸준히 이어져왔습니다. 일례로 로마인들은 그리스 조각상의 수많은 복제품을 만들었습니다. 워낙 많은 이들이 그리스 조각에 열광한 탓에 쉴 틈 없이 선박으로 원작을 옮겨도 수요를 감당하지 못했고 결국 이를 복제해 감상하는 문화가 생겨난 것이죠. 참고로 이 같은 현상이 못마땅했던 한 로마의 시인은 "무례한 정복자가 오히려 그리스의 포로가 되었다"며 비꼬기도 했습니다.

하지만 이 시절의 복제는 지금의 기술력에 비교할 만한 것이 못 되었습니다. 20세기 독일 철학자이자 문학평론가인 발터 벤야민Walter Benjamin(1892~1940)은 자신의 책《기술적 복제시대의 예술작품》(1936)을 통해 "(그리스·로마 시기의 복제 기술은) 주조와 인각뿐이었으며 (청동과 테라코타와 주화를 제외한) 그 밖의 모든 것들은 일회적이었으며 기술적으로 복제될 수 없었다"고 말합니다. 이 시기의 복제 기술이란 극히 한정적인 영향력을 행사했다는 뜻이죠.

현대에 들어 예술 작품을 복제하는 기술은 눈부시게 발전합니다. 사진과 영상 기술의 발명, 녹음 기술 등의 발달이 복제에 불을 지핀 것이죠. 벤야민은 "사진으로 인해 손은 처음으로 시각적 복제 과정에서 가장 중요한 예술적 책무로부터 벗어났는데, 그 책무는 이제 오로지 렌즈를 통해 들여다보는 눈이 담당하게 되었다"고 말했습니다. 또 그는 20세기에 들어 기술적 복제 수준이 일정한 수준에 달하자 예술 작품의 영향력과 창작 방식에 큰 영향을 주었다고 설명했죠.

이미 수많은 복제품에 익숙해진 우리와 다르게 당시 사람들은 혼란을 느꼈습니다. 초상화나 풍경화 한 점을 그리기 위해 수십, 수백 시간을 공들여온 사람들을 비웃듯 셔터 한 번만 누르면 실물과 똑같은 이미지를 무수히 만들 수 있었으니 말입니다.

기술 발전 속도 역시 놀라웠습니다. 사진이 발명된 지 채 100년이 지나지 않아 최초의 영화가 상영되었으니까요. 그 주인공은 뤼미에르 형제Auguste Lumiere, Louis Lumiere로 '시네마토그라프cinematographe'라는 최초의 카메라이자 영사기를 발명해 1895년 첫 영화 상영회를 가졌습니다. 각 1분 정도 분량의 영화가 10여 편 상영되었는데요, 〈열차 도착L'Arrivee d'un train en gare de La Ciotat〉이라는 영화를 상영할 때는 열차가 다가오는 모습을 보고 놀란 사람들이 비명을 질렀다고 하죠.

그렇다면 이런 변화는 예술 작품에 어떤 영향을 미쳤을까요? 벤야민은 복제 기술의 발전이 '오라Aura'의 위축을 야기한다고 설명합니다. 오라란 분위기에서 유래한 단어로 '예술 작품이 유일하게 지니고 있는 아주 미묘하고 고유한 본질'을 말합니다. 그는 예술 작품의 기술적인 복제가 가능해지면서 복제품이 다량으로 생산되어 창작된 예술 작품이 일회적 산물에서 대량 산물로 대치되었다고 설명합니다. 이는 결국 진품성을 훼손하게 되죠. 즉, 원본이 지니던 사물의 권위를 빼앗기는 것입니다.

우리가 오늘 살펴본 책《기술적 복제시대의 예술작품》은 지금으로부터 약 80여 년 전인 1936년 발표된 작품입니다. 그 기간 동안 복제 기술은 더욱 진일보했습니다. 우리는 스마트폰과 VR 기술을 이용해 유럽 미술관에 가지 않아도 마치 그곳에 간 것처럼 작품을 경험할 수 있고 3D 프린터로 원본에 버금가는 조형 복제물을 만들어내기도 하죠. 오늘날에도 예술 작품과 그 복제물에 대한 벤야민의 진단은 유효할까요? 당신은 어떻게 생각하나요?

만약 오늘만 기억할 수 있다면 무엇을 하고 싶나요?

내가 좋아하는 사람들, 사랑하는 사람들과 함께 시간을 보내고 싶습니다. 얼마 전 한 다큐멘터리를 통해 희귀병으로 먼저 세상을 떠난 딸을 VR로 만나는 어머니의 이야기를 본 적이 있습니다. 인간은 복제할 수도, 복제해서도 안 되는 존재라고 생각하지만 마음에 묻은 딸과 가상현실로 재회하는 어머니의 모습을 보며 많은 생각이 들었습니다. 만약 오늘만 기억할 수 있다면 오늘 저와 함께한 사람들을 그렇게라도 남겨두고 싶을 것 같아요. 당신은 무엇을 하고 싶나요?

일자리가 줄어드는 것을
걱정해야 할까?

로봇의 부상과 자동화

•

지난 2016년 3월 세기의 대국이 펼쳐졌습니다. 바로 국제 기전에서 열여덟 차례나 우승한 세계 최상위급 프로 바둑 기사 이세돌 9단과 구글의 인공지능 자회사 구글 딥마인드 Google DeepMind 가 개발한 바둑 프로그램 알파고의 대결이 그것이었죠. 5번기에 걸쳐 진행된 대국의 결과는 놀라웠습니다. 4승 1패로 알파고가 이세돌 9단을 압도한 것입니다. '그래도 아직은 인공지능이 한 수 아래'라는 대부분의 예상을 뒤엎은 결과였습니다.

1997년 체스와 2011년 퀴즈쇼에 이어 변수가 우주의 원자만큼 많다는 바둑에서까지 인공지능이 승리하자 사람들은 의문을 품기 시작했습니다. '인간처럼 사고하는 인공지능이 등장하면 우린 어떻게 되는 걸까? 미래에는 드론으로 택배를 배달하고 운전도 무인으로 한다던데 우리 일자리는 얼마나 줄어들까?'

철학적 사유에 들어가기 전 잠시 시간을 내 현재 통계를 한번 살펴보도록 하죠. 국제로봇연맹 International Federation of Robotics 에 따르면

2000~2012년 사이 세계 산업용 로봇 판매액은 종전보다 60퍼센트 증가한 280억 달러에 달했다고 합니다. 반면 제조업 일자리 수는 1995~2002년까지 1,600만 개가 줄어들었고 섬유 분야 일자리는 미국에서만 1990~2012년 사이에 120만 개가 줄어들었습니다. 또 다른 연구 결과에 따르면 10~20년 내로 미국 고용의 47퍼센트에 해당하는 약 6,400만 개의 일자리가 자동화될 가능성이 있다고 하니 일자리가 줄어들 확률은 점점 더 높아져가고만 있다고 할 수 있겠죠.

그런데 사실 이 같은 우려가 제기된 것이 비단 최근의 일만은 아닙니다. 아주 멀게는 200년 전 영국의 러다이트_{Luddite} 운동을 들 수 있습니다. 이는 1811~1817년 영국의 직물공업지대에서 산업혁명으로 경제 불황과 임금 하락, 고용 감소, 실업자 증가 등의 문제가 생기자 노동자들이 기계를 파괴했던 반反자본주의 운동이었죠.

하지만 당시 우리가 우려했던 일들은 일어나지 않았거나 우리의 우려보다 훨씬 낮은 수준으로 일어났습니다. 결국 우리는 새로운 질문을 던질 수밖에 없습니다. '이번에는 다를 것인가?'라는 질문이 그것입니다.

이와 관련해《로봇의 부상》이라는 책을 쓴 미래학자 마틴 포드Martin Ford는 테드TED 강연에서 이전과는 크게 세 가지가 다르다는 대답을 내놓습니다.

첫째, 이전과는 비교할 수 없을 만큼 빠른 발전 속도입니다. 1950년대 개발된 최초의 집적회로와 비교했을 때 현재 우리는 2의 30제곱배 뛰어난 기술을 다루고 있습니다. 발전 속도는 제이 커브를 그리며 나날이 빨라지고 있는데요, 미국 반도체 제조기업 인텔INTEL의 공동 설립자인 고든 무어Gordon Moore가 반도체 집적회로의 성능은 24개월마다 2배로 증가한다며 내놓은 '무어의 법칙'만 보더라도 그 속도는 무시무시하죠.

둘째, 머신러닝의 발전입니다. 머신러닝은 인공지능이 판단력과 문제해결 능력을 갖추고 있으면서 학습능력까지 발휘한다는 것이 특징인데요, 이는 우리가 막연히 자동화로부터 안전할 것이라 여겼던 직업과 업무도 자동화의 영역으로 잠식되어 들어갈 수 있음을 의미합니다.

셋째는 이런 현상이 단순노동직이나 상대적으로 교육 수준이 낮은 업무에만 국한된 것이 아니라는 점입니다. '20년 뒤 없어질 주요 직업 순위' 같은 기사에서 금융 애널리스트나 언론인, 변호사, 번역가 등이 늘 높은 순위를 차지하는 것이 결코 우연은 아니라는 것이죠. 포드는 "다가올 미래에 자동화에 의해 위협을 받을 것이라 예측되는 직종과 직업에 대해 내놓았던 수많은 가정들이 계속해서 시험대에 오를 것"이라고 말했습니다.

이 같은 결론에 따라 우리는 다음과 같은 예측을 내놓을 수 있습니다. '가까운 미래에 실업률이 심각한 수준에 이르거나 임금 정체 또는 삭감이 이루어질 가능성이 매우 높다'고 말이죠. 그리고 이런 변화는 우리가 지금까지 경험하지 못한 어려움을 겪게 만들지도 모릅니다. 재화를 분배하는 가장 기본적인 시스템인 '직업'을 잃는 사람들이 많아지는 것이니 말입니다.

그럼 우리는 어떻게 해야 할까요? 일자리가 줄어드는 것을 걱정해야 하는 것일까요, 아니면 걱정을 넘어 새로운 대안을 모색하고 기술 발전을 새로운 기회로 바꿔야 하는 것일까요? 당신의 생각은 어떤가요?

내게 돈을 번다는 것은 어떤 의미인가요?

제게 돈을 버는 건 생존이자 생활입니다. 죽지 않으려면 밥을 먹어야 하고 밥을 먹으려면 돈을 벌어야 하니까요. 물론 먹고사는 일 이외의 이유들도 있을 것입니다. 충분한 돈을 벌면 취미를 즐긴다거나 원하는 물건을 산다거나 할 수 있으니까요. 하지만 1차적인 목적은 살아가기 위한 수단으로써 돈을 버는 것이고 그렇기 때문에 일을 한다는 것이 제 게는 곧 생명줄이기도 합니다. 당신은 어떤가요?

쉰 번째 인문학

문화는 우리를
더 인간답게 만들까?

불평등의 기원으로서 문화를 바라본 루소

●

　　　　　때는 바야흐로 1750년의 어느
날, 스위스 제네바 공화국 출신 음악가였던 루소는 프랑스 디종
아카데미에서 다음과 같은 주제의 논문 공모가 열린다는 사실
을 알게 됩니다. '학문과 예술의 진보는 풍속의 순화에 기여했는
가.' 오랜 기간 독서와 사색을 통해 사상적 기반을 쌓아온 그는
기회를 놓치지 않았습니다. 음악가 루소가 아닌 '철학자' 루소로
발돋움하게 된 첫 작품 〈과학과 예술론 Discours sur les sciences et les arts〉
을 공모작으로 제출한 것이죠.

　30쪽이 조금 넘는 짧은 분량의 글이지만 그 속에는 루소 사
유의 핵심이 대부분 담겨 있었습니다. 인간에게는 자연에서 물
려받은 소박한 미덕이 있었는데 예술과 학문을 비롯한 문명의
요소들이 그 미덕을 무너뜨리고 인간을 타락하게 만든다는 것
이 글의 핵심 요지였죠. 루소의 논문이 1등으로 선정되자 학계
는 한바탕 난리가 났습니다. 만약 그의 말이 맞는다면 예술과
학문을 만들고 유지·발전시켜온 자신들은 인류 진보의 선구자

가 아닌 인간 타락의 원흉이 되는 것이었기 때문입니다.

결국 3년 후인 1753년, 디종 아카데미는 그에게 새로운 질문을 던집니다. 바로 '인간 사이의 불평등의 기원은 무엇이며 불평등은 자연법에 의해 허용되는가?'라는 주제로 공모전을 개최한 것이죠. 그는 이번 공모전에는 낙선하고 말았지만 2년 후 논문 내용에 제네바 공화국에 바치는 긴 헌사와 많은 주석을 달아 책을 한 권 출간했습니다. 바로 그의 대표작 《인간 불평등 기원론》(1755)입니다.

책의 요지는 이렇습니다. 사유재산은 인간 사이의 불평등을 만들었는데 기존의 법과 정치제도는 모두 사유재산을 보호하도록 만들어진 것이므로 변혁이 있어야 한다는 것입니다. 루소는 자연 상태의 인간은 깊이 생각하지 않는 존재라 선악 개념에서 벗어나 있다고 믿었습니다. 이는 100년 전 출간된 홉스의 책 《리바이어던》에 담긴 '만인의 만인에 대한 투쟁'이라는 성악설에 반대하는 주장이었는데요, 루소에 따르면 자연 상태의 인간은 일도 언어도 거처도 없고 싸움도 교제도 없이 선악 개념이나 미덕과 악덕의 개념 이전에 있기 때문에 악하지 않으며 악해야 할 이유도 없습니다.

그러다가 자연적 장애, 다른 동물들과의 다툼, 인간의 수적 증가에 따른 먹이 결핍 같은 문제가 발생합니다. 이로 인해 숲속을 홀로 떠돌며 지내던 인간은 점차 한데 모여 함께 살아가게 되는데요, 공동생활을 경험한 인간들은 자신이 타인에게 가장 강하고 아름다운 사람으로 비치기를 바라게 되었죠. 나라는 존재가 상대화되고 타인의 시선에 의해 정의되기에 이른 것입니다.

이런 욕구에 소유욕이 결합됩니다. 그러면서 평등이 사라지고 소유가 도입되었으며 노동이 필요하게 되었죠. 특히 땅의 사적 소유가 이루어지자 소유자와 비소유자의 차이가 두드러졌고 이는 결국 인간을 소외시키고 종속적인 존재로 변하게 만들었습니다. 루소는 다음과 같이 말합니다.

> 부자들의 횡령과 가난한 자들의 강도질 그리고 모두의 절제되지 않은 정념이 자연적인 연민의 외침이나 아직 연약한 정의의 목소리를 억누르고 인간들을 탐욕, 야망, 악덕으로 채웠다. (…) 그렇게 새로 태어난 사회는 끔찍한 전쟁 상태가 되었다.

무정부 상태에서의 투쟁이 시작되자 부자들은 가난한 사람들보다 더 큰 위험에 처하게 됩니다. 자신의 목숨뿐만 아니라 재산도 위태로워졌기 때문이죠. 부자들은 법률과 경찰력에 의해 유지되는 치안 질서를 희망하게 되었고 가난한 사람들은 결국 자신의 목숨을 보호하기 위해 부자들의 재산을 공유할 수 있는 권리를 포기하게 되었습니다. 이후 사람들은 군주제, 귀족제, 민주제 등 다양한 형태의 정부를 수립하게 되는데요, 이는 모두 부자의 지배를 강화하고 빈자의 의무를 증강해 사회 내 인간관계를 평등한 것이 아닌 주종 형태로 바꿔버립니다.

결국 정부는 자신들이 보장하겠다고 다짐한 평화를 유지하지 못하게 되고 정치체제의 변화에 따라 주기적으로 위기를 겪게 됩니다. 이 같은 변화 과정을 거쳐 사회는 결국 가장 힘센 사람이 지배하는 새로운 자연 상태를 정립하게 되죠. 최초의 순수성을 유지한 자연 상태가 아닌, 과도한 타락에 바탕을 둔 자연 상태가 형성된 것입니다.

루소의 관점에서 우리에게 주어진 질문을 살펴본다면 문화는 물론 사회와 사회라는 토대 위에 확립된 많은 것들(법률, 행정, 제도 등)은 모두 우리를 인간답게 하는 것이 아닌 비인간적으로 만드는 것에 불과할 것입니다. 당신은 어떻게 생각하나요? 정말로 문화는 우리를 비인간적으로 만드는 도구에 불과할까요, 아니면 인간을 좀 더 인간답게 만드는 수단일까요?

나답게 살아간다는 것은 무엇인가요?

언젠가 생각대로 살지 않으면 사는 대로 생각하게 된다는 말을 들은 적이 있습니다. 나는 어떤 존재인가, 내가 존재하는 이유는 무엇인가, 무엇을 원하는가, 무엇을 위해 살아가는가… 쉽게 답을 내릴 수 없는 질문이고 어쩌면 평생의 삶 속에서 답을 찾지 못할 수도 있지만 이것들에 대해 고민하지 않으면 나답게 살지 못하고 타인이나 사회가 원하는 틀에 맞춰진 채 살아가게 되지 않을까 생각합니다. 당신은 어떤가요?

철학이 생각을 바꿀 수 있을까?

　우리는 지난 50일 동안 바칼로레아의 문제를 통해 다양한 사고 실험을 해왔습니다. 인간에 관한 문제도 있었고 윤리와 정치, 권리 등에 관한 물음도 있었으며 과학과 예술에 관한 질문도 있었습니다. 이 질문들에 대답하기 위해 우리는 3,000년에 가까운 시간과 동서양을 넘나들며 이야기를 나누었습니다. 서양철학의 시초라 불리는 탈레스의 이야기를 들어보고 공자와 맹자, 순자 등 춘추전국시대 사상가들의 생각을 알아보기도 했습니다. 데카르트, 헤겔, 칸트 등 근대 사상가들의 철학도 공부했고 로버트 실러 교수나 샘 해리스 등 현존하는 학자들의 입장을 살펴보기도 했죠.

　그리고 마지막 질문, '철학이 생각을 바꿀 수 있을까?'의 원고를 쓰며 저는 현존 최고의 철학자라 일컬어지는 위르겐 하버마스Jürgen Habermas (1929~)의 '공론장 이론'을 떠올렸습니다. 하버마스가 활발하게 활동하던 1960년대 이후 수많은 사상가들은

"더는 인간 이성을 믿을 수 없다"고 외쳤습니다. 더 나은 세계를 만들어주리라 기대했던 이성의 성과, 즉 과학기술이 제1·2차 세계대전이라는 결과를 낳았기 때문이죠.

모두가 인간의 가능성을 부정하던 시기, 하버마스는 정반대의 대답을 내놓았습니다. 그가 생각하기에 이성이란 추상적인 진리를 찾거나 이상 세계를 추구하는 능력이 아닙니다. 그가 생각하는 이성은 자기 자신을 타인에게 정당화하기 위한 능력입니다. 가령 우리는 대화가 이루어질 때 상대방의 의사를 파악하고자 하고 그 대답에 질문하며 자신의 의견을 피력하죠. 즉, 인간의 이성이란 먼 곳이 아닌 일상적인 대화에 있다는 것이 하버마스의 생각인 것입니다.

대화 속에서 이성의 새로운 역할을 찾아 독특한 철학의 장을 연 하버마스는 그 근거로 18세기 유럽 대도시에서 생겨나기 시작한 문학 살롱과 커피하우스에 주목했습니다. 이전 시대까지만 하더라도 유럽의 문화는 다분히 전시적이었습니다. 거대한 건축물과 장대한 행렬 등 지배 계층의 '보여주기'가 중심이었죠. 토론이나 의견 표명 역시 주로 의회 등의 '공적 공론장'을 통해 이루어졌고요. 하지만 이들 장소가 생겨나며 국가의 통제를 벗어난 다양한 '사적 공론장'이 마련되었고 사람들은 이곳에 모여 자신의 의견을 밝히거나 서로의 입장을 공유하게 되었습니다.

공론장이 점점 늘어나면서 사람들은 공통의 이해관계를 발견하게 됩니다. 또 점차 기존의 문화와 권력에 의문을 제기하기 시작했죠. 하버마스는 이런 성숙한 공론장 문화가 1789년 프랑스대혁명을 비롯한 각종 시민혁명의 도화선이 되었다고 평가합니다. 공론장의 발전은 이후에도 민주 사회 발전과 시민계급의 권리 증진에 큰 영향을 미쳤습니다. 민주적으로 정치권력을 선출할 수 있게 되었고 삼권이 분립되었으며 시민의 기본권이 다양해졌죠.

우리는 모두가 철학의 종말, 인문학의 위기를 말하는 시대에 살고 있습니다. 저는 이것이 철학이나 인문학의 가치가 이 시대에 이르러 소멸되었기 때문이 아니라 인간의 삶과 세계에 대한 진지한 고민과 토론이 사라졌기 때문이라고 생각합니다. 그런데 우리는 5분짜리 유튜브 영상조차 다 보기 힘들어하는 세상에서 한 권의 책을 사고 매일 10분 혹은 그 이상의 시간을 들여 주어진 질문을 고민하고 답해보는 지난한 과정을 거쳤습니다. 그것도 장장 50일 동안 말이죠! 지난 50일의 철학이 당신의 생각을 바꿨나요? 그랬기를 바랍니다. 그리고 그렇게 바꾼 생각을 토대로 세상과 치열하게 토론하고 실천해주었으면 좋겠습니다.

　토론과 실천은 그리 거창한 것이 아닙니다. 내가 갖게 된 가치관을 온라인과 오프라인을 통해 타인과 나누고 가정이나 회사 같은 가까운 곳에서부터 행동으로 보여주는 것이죠. 그렇게 변화를 나누는 사람이 늘어날 때 우리 삶과 사회는 조금 더 나아지리라고 믿어 의심치 않습니다. 그 시작은 바로 당신일 테고 말이죠. (상투적이지만) 짧다면 짧고 길다면 긴 여정에 함께해주어서 진심으로 감사드립니다.

이준형·지일주

| 참고 문헌 |

01 강성률,《동양철학사를 보다》, 리베르스쿨, 2014.

02 공자,《논어》, 김형찬 옮김, 홍익출판사, 2005.

03 김상환,《왜 칸트인가: 인류 정신사를 완전히 뒤바꾼 코페르니쿠스적 전회》, 21세기북스, 2019.

04 김영민,《아침에는 죽음을 생각하는 것이 좋다》, 어크로스, 2018.

05 김율,《서양 고대 미학사 강의: 철학사로서의 미학사 이해를 위하여》, 한길사, 2010.

06 군나르 시르베크, 닐스 길리에,《서양철학사 1, 2》, 윤형식 옮김, 이학사, 2016.

07 나이절 워버턴,《한 권으로 읽는 철학의 고전 27》, 최희봉·박수철 옮김, 지와 사랑, 2011.

08 니콜로 마키아벨리,《군주론》, 변용란 옮김, 한성철 감수, 아름다운날, 2009.

09 르네 데카르트,《방법서설(성찰·세계론)》, 권오석 옮김, 홍신문화사, 2007.

10 마이클 샌델,《정의란 무엇인가》, 김명철 옮김, 김선욱 감수, 와이즈베리, 2014.

11 문유석,《개인주의자 선언: 판사 문유석의 일상유감》, 문학동네, 2015.

12 미셸 푸코,《감시와 처벌: 감옥의 탄생》, 오생근 옮김, 나남출판, 2020.

13 미셸 푸코,《이것은 파이프가 아니다》, 김현 옮김, 고려대학교출판부, 2010.

14 박찬국,《삶은 왜 짐이 되었는가: 서울대 박찬국 교수의 하이데거 명강의》, 21 세기북스, 2018.

15 박찬국,《초인수업: 나를 넘어 나를 만나다》, 21세기북스, 2014.

16 발터 벤야민,《기술적 복제시대의 예술작품》, 비(도서출판b), 2017.

17 신영복, 《강의: 나의 동양고전 독법》, 돌베개, 2004.

18 안광복, 《처음 읽는 서양철학사: 서양의 대표 철학자 38인과 시작하는 철학의 첫걸음》, 웅진지식하우스, 2007.

19 안유경, 《성리학이란 무엇인가》, 새문사, 2016.

20 양자오, 《맹자를 읽다: 언어의 투사 맹자를 공부하는 법》, 김결 옮김, 유유, 2016.

21 오타베 다네히사, 《서양미학사》, 김일림 옮김, 돌베개, 2017.

22 요한네스 힐쉬베르거, 《서양철학사 상, 하》, 강성위 옮김, 이문출판사, 1999.

23 이진경, 《철학과 굴뚝청소부》, 그린비, 2005.

24 장폴 사르트르, 《실존주의는 휴머니즘이다》, 박정태 옮김, 이학사, 2008.

25 콘스탄틴 J. 밤바카스, 《철학의 탄생: 현상과 실재, 인식과 진리, 인간과 자연에 던지는 첫 질문과 첫 깨달음의 현장》, 이재영 옮김, 알마, 2012.

26 펑유란, 《간명한 중국철학사》, 정인재 옮김, 마루비, 2018.

27 피터 싱어, 《동물 해방》, 김성한 옮김, 연암서가, 2012.

28 하선규, 《서양 미학사의 거장들: 감성과 예술을 향한 사유의 시선》, 현암사, 2018.

29 한나 아렌트, 《예루살렘의 아이히만》, 한길사, 2006.

30 허루이린, 《처음 시작하는 미학 공부: 나만의 '미적 감각'과 '예술 감성'을 키워주는 일주일의 미학 수업》, 정호윤 옮김, 오아시스, 2018.

31 한국문학평론가협회, 《문학비평용어사전》, 국학자료원, 2006.

32 홍병선, 〈상상력의 철학적 근거: 흄의 상상력 이론을 중심으로〉, 철학탐구, 2008.

33 K. T. 판, 《비트겐슈타인의 철학이란 무엇인가?》, 황경식·이운형 옮김, 서광사, 1989.

| 이미지 출처 |

33p　《차라투스트라는 이렇게 말했다》 초판본 표지

https://commons.wikimedia.org/wiki/File:Also_sprach_Zarathustra.
GIF

43p　사르트르와 보부아르의 묘지

촬영: 짐 린우드 ^{Jim Linwood}(런던) https://commons.wikimedia.org/wiki/
File:Jean-Paul_Sartre_%26_Simone_De_Beauvoir%27s_Grave_In_
Montparnasse_Cemetery,_Paris_April_2014.jpg

94p　피사의 사탑

https://commons.wikimedia.org/wiki/File:The_Leaning_Tower_of_
Pisa_SB.jpeg

107p　사마천 초상

https://commons.wikimedia.org/wiki/File:Si_maqian.jpg

헤로도토스 흉상

https://commons.wikimedia.org/wiki/File:Marble_bust_of_
Herodotos_MET_DP328506.jpg

129p　피터르 브뤼헐, 〈바벨탑〉

https://commons.wikimedia.org/wiki/File:Pieter_Bruegel_the_Elder_-
_The_Tower_of_Babel_(Vienna)_-_Google_Art_Project_-_edited.jpg

151p　라파엘로 산치오, 〈아테네 학당〉

https://commons.wikimedia.org/wiki/File:Escola_de_Atenas.jpg

168p 제러미 벤담 초상

https://commons.wikimedia.org/wiki/File:Jeremy_Bentham_by_
Henry_William_Pickersgill_detail.jpg

존 스튜어트 밀 초상

https://commons.wikimedia.org/wiki/File:JohnStuartMill.jpg

184p 1961년 예루살렘에서 재판받는 아돌프 아이히만

https://commons.wikimedia.org/wiki/File:Adolf_Eichmann_at_
Trial1961.jpg

223p 얀 산레담, 〈플라톤의 동굴의 비유〉

https://commons.wikimedia.org/wiki/File:Platon_Cave_
Sanraedam_1604.jpg

259p 렘브란트 판 레인, 〈포목상 조합의 이사들〉

https://commons.wikimedia.org/wiki/File:Netherlands-4183_-_The_
Syndics_Rembrandt.jpg

314p 크루 드래곤

https://commons.wikimedia.org/wiki/File:Launch_of_Crew_Dragon_
Demo-2_(screenshot).png

345p 파블로 피카소 초상

https://commons.wikimedia.org/wiki/File:Portrait_de_Picasso,_1908.
jpg

하루 10분 인문학

1판 1쇄 발행 2020년 9월 10일
1판 7쇄 발행 2023년 7월 28일

지은이 이준형 지일주
해설 인문학 유치원
발행인 오영진 김진갑
발행처 나무의 철학

기획편집 박수진 박민희 유인경 박은화
디자인팀 안윤민 김현주 강재준
표지 및 본문 디자인 유니드
교정교열 강설빔
마케팅 박시현 박준서 조성은 김수연
경영지원 이혜선

출판등록 2006년 1월 11일 제313-2006-15호
주소 서울시 마포구 월드컵북로5가길 12 서교빌딩 2층
원고 투고 및 독자 문의 midnightbookstore@naver.com
전화 02-332-3310 팩스 02-332-7741
블로그 blog.naver.com/midnightbookstore
페이스북 www.facebook.com/tornadobook

ISBN 979-11-5851-187-6 03100

이 도서의 국립중앙도서관 출판예정도서목록(CIP)은 서지정보유통지원시스템 홈페이지(http://seoji.nl.go.
kr)와 국가자료종합목록 구축시스템(http://kolis-net.nl.go.kr)에서 이용하실 수 있습니다. (CIP제어번호:
CIP2020033376)